National
Defense
Theory

国防论

蒋百里 ◎ 著

华中科技大学出版社
http://press.hust.edu.cn
中国·武汉

图书在版编目(CIP)数据

国防论 / 蒋百里著. -- 武汉：华中科技大学出版社，2015.3（2025.4重印）
（战争论丛书）
ISBN 978-7-5680-0778-8

Ⅰ.①国… Ⅱ.①蒋… Ⅲ.①国防—理论研究 Ⅳ.①E115

中国版本图书馆CIP数据核字（2015）第066874号

国防论
Guofang Lun

蒋百里 著

选题策划：晋璧东
责任编辑：康 艳
封面设计：金刚创意
责任校对：刘小雨
责任监印：朱 玢
出版发行：华中科技大学出版社（中国·武汉）　　电话：（027）81321913
　　　　　武汉市东湖新技术开发区华工科技园　　　邮编：430223
印　　刷：武汉市洪林印务有限公司
开　　本：880mm×1230mm　1/32
印　　张：6.5
字　　数：146千字
版　　次：2025年4月第1版第17次印刷
定　　价：30.00元

本书若有印装质量问题，请向出版社营销中心调换
全国免费服务热线：400-6679-118　　竭诚为您服务
版权所有　　侵权必究

我们的战争观：不好战！不畏战！决战必胜！
——写在战争论丛书出版之际

马克思曾说，战争是推动人类文明前行的火车头。他形象地指出，战争机器如同推土机一般，碾过历史的血肉之躯，于荆棘中开疆拓土，前行的轨道上沾满血腥。生命在战争面前是那么地脆弱。残忍，是战争诞生以来形成的秉性。战争同暴力几乎就是一对同义词，暴力是战争的本质属性，这也是马克思主义的战争观。即使进入现代战争模式之中，诸如贸易战、金融战、外交战、黑客战、网络战、病毒战、舆论战等，战争的本质仍然是残酷的，充满暴力的。所以，我们认为，所谓的"武器仁慈化""战争非暴力化""战争泛化"等观点是不妥当的。因为，当前形势下，战争将无时不在，无处不在。身为中华民族的一分子，必须时刻对各种战争形态保持高度警惕，因为战争的根本法则，依然是保存自己、消灭敌人！

正因为战争的本质是残忍的，同时它又是人类历史发展进程中常见的现象，所以，对于战争的看法，自古以来就分为多种复杂的看法。比如，西方军事理论家克劳塞维茨在《战争论》中写道：战争是强迫敌人服从我们意志的一种暴力行为。德意志帝国铁血宰相俾斯麦认为，其所处的时代的重大问题不是靠演说和决议所能解决的，这些问题只有靠铁和血才能解决。战争理论家伯恩哈迪认为，战争是人类生活中一种具有头等重要意义的生物法则，它是人类社会中不可缺少的起调节作用的东西。无疑，这几位西方军事大师，对战争都是笑脸相迎的。

与其相反的，是反对战争的人们。比如，古罗马时代的军事家、历史学家李维认为，对那些需要战争的人来说，战争是正义的；对那些失去一切希望的人来说，战争是合理的。曾经以炮舰政策横行世界、身经百战、建立起日不落帝国的英国，对于战争却有着这样的民间谚语：战争一开始，地狱便打开。而作为东方文明古国，中国经历了无数次的烽火狼烟，更深刻地体会到战争的血腥与残酷，所以，我们的老祖宗谆谆教导中华儿女："师之所处，荆棘生焉。大军之后，必有凶年"，"夫兵犹火也，不戢将自焚"，"皇帝动刀枪，百姓遭了殃"。2015年11月7日习近平主席在新加坡国立大学的演讲更是鲜明地指出："中国自古倡导'强不执弱，富不侮贫'，深知'国虽大，好战必亡'的道理。"

我们认为，天下虽安，但忘战必危；虽然冷战结束了，但战争的硝烟一刻未熄。我们必须有备才能无患。围绕"战争"，我们需要明白如下几个道理：

战争的首要目的是和平。战争只是一种手段，战争的最高境界就是"不战而屈人之兵"。对于一次战役（战斗）来说，战争的目的是消灭敌人、保存自己。而从整体的、纵向的角度来说，战争除了在历史上扮演着王朝更替的催化剂、助产士这类角色之外,推动人类社会发展进步的战争,归根结底其目的应该是和平。正如亚里士多德所说,战争的目的必须是和平。这样的战争才是正义的。然而,存在着繁杂利益纠葛的人类社会要想取得和平并不是简单、无代价的,因为"你想和平,就要准备战争"(韦格蒂乌斯),"只有胜利者,才能用战争去换取和平"(萨卢斯提乌斯)。对于我们中国来说,构建强大的、现代化的军队是维护世界和平的重要战略支撑力量。

战争需要理性对待:不好战。正由于战争是洪水猛兽,因此需要高超的驾驭能力。只有驾驭得好,才能避免引火自焚。在能够避免战争爆发的情况下,应尽一切努力化解矛盾与纠纷。所谓"上兵者伐谋""不战而屈人之兵"。在具体的战场(战役)指挥中,总司令最重要的品质是头脑冷静,尤其是在国际风云变幻莫测的复杂背景下,如何理性地对待战争,如何理性地在战争与和平之间做出选择,考验着每一个中国人的智慧。总之,当我们被愤怒"操纵"的时候,当我们希望通过战争这一手段,快刀斩乱麻地解决麻烦与纠纷的时候,我们需要对战争持有一颗理性、冷静的心,并记住:叫喊战争的人是魔鬼的参谋;狂热者的脑袋里没有理智的地盘。我们更要懂得著名诗人贺拉斯的一句反战名言背后的意味:所有的母亲都憎恨战争!而历史已经反复告诉世界:中国人不好战!

战争需要一种勇气:不畏战。无论是冷兵器时代还是高科技战争时代,战争都是残忍的,需要付出的是生命的代价。因此,战争机器不能轻易启动。不过,不好战不代表完全拒绝战争、排斥战争、畏惧战争。在世界丛林的游戏法则中,一个民族一个国家,要想生存发展,保持必要的用于自卫的强大武装力量是必要的，更是必需的。1840年鸦片战争以来，西方以炮舰政策强加在中华民族头上的羞辱与屠杀的历史教训告诉我们，只有自身强大、手握撒手锏，才能避免被杀戮、羞辱的命运。民族、国家的尊严，是构建在必要的武力基础上的，尤其是当关系到我们的国家主权和民族尊严、关系到我们的核心利益时，战争是必需的。历史事实已经多次郑重地告诉世界：中国人不好战，更不畏战！

战争需要一种理智：英勇善战。人们若想取得战争的胜利，就必须认识战争的客观规律，将其抽象为战略战术，在客观条件许可范围内，运用从客观中抽象出来的战略战术指导战争，战争是智者的博弈。毛主席说："指导战争的人们不能超越客观条件许可的限度期求战争的胜利，然而可以而且必须在客观条件的限度之内，能动地争取战争的胜利"，"指挥员在战争的大海中游泳，他们不使自己沉没，而要使自己决定地有步骤地到达彼岸。指导战争的规律，就是战争的游泳术。"

战争需要一种凝聚力：忠于祖国。作战需要彼此配合，在战场上尤其是在特殊的环境下，危险会来自四面八方。所以，只有铸造一种团结一致、统一对外的团队精神，才能帮助每一个作战中的人防范、消除时刻出现的危险。无数的事实已经证明，每一支英勇善战的部队，每一支特种作战部队，要想克敌制胜，必须是铁板一块！法军统帅拿破仑说过，统一指挥是战争的第一要事，也是产生凝聚力不可缺少的要素。那么，凝聚力来自哪里？对于中国军人来说，首先来自听党指挥、忠于祖国、忠于人民这一神圣的最高宗旨，来自共同的保家卫国的誓言，来自全心全意为人民服务的社会主义核心价值观，来自不怕苦不怕累不怕牺牲、做忠诚可靠的人民子弟兵的信念。其次，凝聚力来自科学合理、统一规范的军队制度化建设,来自平时官兵一致、爱兵如子、相亲友爱的军内关系。最后,凝聚力也来自绝对服从、铁的纪律。

战争需要一种自信:会打必胜。战争是一种你死我活的搏斗,所以,保存自己、消灭敌人是战场上的最高法则。对于军人来说,拥有坚韧的必胜的自信心,是一种高贵的品质。当然,自信不是自负,那种不顾实际情况、盲目草率的军事行动,只能归为冒险盲动主义。坚定的必胜信念来自知己知彼、百战不殆。军人的自信心,既要求军队的指挥官养成信赖自己的习惯,即使在最危急的时候,也要相信自己的勇敢与毅力,也要求普通士兵具备想当将军的优秀品质。

战争需要学习。对于中国军人来说,无论是古今中外的战争实例、战争历史、军事著作、谋略经典、军事名家,还是当代他国的军队建设成就、最新武器装备成果,都需要我们秉持古为今用、洋为中用、兼容并包、取长补短的谦虚谨慎、认真仔细的态度,去学习其经验,汲取其教训,最终在掌握精髓、创造创新中超越,并将其转化为自己的真实本领。毛主席曾经教导中国军人,没有文化的军队是愚蠢的军队。诸如战争论丛书里的蒋百里《国防论》、克劳塞维茨《战争论》、马汉《海权论》《海军战略论》、杜黑《空权论》、若米尼《战争艺术概论》、雷纳图斯《兵法简述》、米切尔《空中国防论》、鲁登道夫《总体战》等,都是我们学习的优秀精神食粮。当然,作为将来要上战场的军人,不仅要重视学习军事理论,更要在平时的摸爬滚打中铸就高素质的作战能力。平时流汗,才能避免战时流血。因此,西谚有云,你有一天将遭遇的灾祸是你某一段时间疏懒的报应。军人需要的就是一种学习、学习、再学习,坚持、坚持、再坚持的韧劲。

战争需要研究。战争既是一门艺术,也是一门科学。作为艺术,战争需要驾驭它的人必须具备高超的领导力与决断力;作为一门科学,需要我们认真对待,通过去伪存真、去粗取精、由表及里、深入浅出地找出其中蕴含的最简单、最明晰、最管用的规律来,以指导实际中的军事行动。通过学习、研究,尤其是打开自己的视野之后,我们会发觉自己的不足之处,从而通过跨越式发展,尽快补足短板,以提升我们的实际战斗力。这套战争论丛书值得我们花费力气熟读一番、好好研究。

战争需要实践。通过对古今中外军事著作、战争实例、战争历史的学习研究,我们所获得的只是理论上的东西。理论知识只有运用于实践,才能知道它的真实价值。正如毛主席强调的,一切学习的目的全在于运用。所以,对于军人来说,除了学习研究古今中外的军事历史、战例与理论之外,更需要通过实战来检验我们手中到底掌握了多少的战争真理与有用的军事方法。一切的战争规划与理论,全在于实际的执行力与效力。因此,想得好是聪明,计划得好更聪明,做得好是最聪明又是最好的。而从国家的角度来说,日常的国防军队建设均在于服务于实战、为实战做准备。俗话说得好,未雨绸缪,养兵千日用兵一时。战争机器不是摆设,更不能是花架子,必须接受实战的检验。另外,战争中蕴含的谋略、道理,也可以作为其他领域决策、管理的参考。

战争需要谋略。伟大的革命导师列宁曾经鲜明地指出,没有不用军事计谋的战争。我国明代文学家、谋略家冯梦龙强调,兵贵精而不贵多,将在谋而不在勇。正因为如此,古今中外诞生了大批研习战争谋略的大师名家。可以说,蒋百里《国防论》、弗龙蒂努斯《谋略》、杜黑《空权论》、克劳塞维茨《战争论》、若米尼《战争艺术概论》、雷纳图斯《兵法简述》、米切尔《空中国防论》、鲁登道夫《总体战》、马汉《海权论》和《海军战略论》，每一本军事经典都是战争智慧的结晶。作为军人，一定要时刻铭记：永远别以为敌人比你愚蠢！轻视对手的后果是严重的。正确的态度就是毛主席所说的，战略上藐视敌人，战术上重视敌人。拿破仑有句话说得好，世上只有两种力量：利剑和思想。从长而论，利剑总是败在思想手下。

战争需要发展。人类的历史长河是永远向前发展的。从最初的刀耕火种，到自然的田园农业文明，再到欧洲十七八世纪的工业革命，再到十九世纪、二十世纪的电气革命，直到二十一世纪的信息化革命。每一次的生产力跃升都推动着经济的巨大发展，而与武器装备直接相关的生产力的质的进化，更是推动着战争形态的惊天变革。所以，军人必须远比其他人更为敏感地关注世界形势的变化以及涌现出的最新的社会现象与科技成果，使自己具备察天观地、与时俱进的本领，不落伍于时代，才能决胜于千里之外，才能履行好保家卫国的职责。我们认为，与时俱进有两个标准：一是随着时代的发展而发展，二是无论时代怎么发展始终抓住最简单最管用的精髓。军事艺术是一种执行命令的艺术，一切复杂的计谋都应当抛弃掉。简单明了，是执行好军事行动的首要条件。

战争需要实力。战争归根结底是实力的较量，从来都是敌对双方军事、政治、经济、科技、文化、外交等多种因素的综合较量，而不单纯取决于某一种因素。所以，对于我们的国家，需要通过"发展"这一硬道理，来全方位提升我们的经济发展水平和科技质量，全面地加强我们国家的综合实力，为战争提供强大的国家保障力。

对于我们的百姓，需要通过各种措施加强国防意识与国家安全意识教育，培育国民的军事素养，建设强大的民兵预备役部队，要藏兵于民。对于我们的军人，广大士兵要通过艰苦的学习、训练，加强自身的单兵作战能力与团队合作作战能力，以及军兵种协同作战能力。对于指挥官，则需要进一步提升自己的军事指挥素质。震惊欧洲的拿破仑说过：一头狮子带领的一群羊，远远胜过一只羊带领的一群狮子。我们的军队需要培育出一批批的狮子老虎，这才是名副其实的威武之师！

谈了这么多与战争有关的话题，那么，新时期的中国军人，还要做些什么呢？首先就是，要牢牢抓住军队政治工作这一生命线。我军自成立以来即高度重视政治工作。1929年12月28日—29日，中国工农红军第四军第九次党代表大会在福建上杭县古田镇通过的《中国共产党红军第四军第九次代表大会决议案》（即著名的古田会议决议案），明确指出，红军是"一个执行革命的政治任务的武装集团"，必须服从党的领导，自觉担负起宣传、组织、武装群众等任务。古田会议划清了红军与旧式军队的界限，解决了无产阶级革命军队建设的根本性问题。2014年10月30日，新时期的全军政治工作会议在福建上杭县古田召开，习近平主席出席会议并发表重要讲话，提出把理想信念、党性原则、战斗力标准、政治工作威信在全军牢固立起来；抓好铸牢军魂、高中级干部管理、作风建设和反腐败斗争、战斗精神培育、政治工作创新发展五方面工作；加强军事文化建设，从难、从严、从实战要求出发"摔打"部队，培养广大官兵大无畏的英雄气概和英勇顽强的战斗作风，着力培养有灵魂、有本事、有血性、有品德的新一代革命化的"四有"军人。中国军人，任何时候都要牢记"听党指挥、忠于祖国与人民"这一最高宗旨，争当让党和人民放心满意的优秀军人。

其次，要积极做好军事斗争的准备。西方"战神"克劳塞维茨强调，作战的基本原理是，切勿完全处于被动地位。对于一支军队来说，只有时刻以与时俱进、未雨绸缪的精神抓好军事斗争准备，才能避免被动、才能有备而无患。只有时刻准备好，才能令出即行、迅速把握战机，避免陷入被动挨打的泥潭。

再次，紧紧围绕战斗力做文章。衡量一支军队的好坏，关键就看能否打胜仗。拿破仑曾预言，中国是一头睡狮，一旦醒来将震撼世界。但是，没有利爪的狮子只能是摆设。能打胜仗是衡量军队质量的根本标准。没有战斗力，其他都是空谈。

最后，要进一步加强贯彻落实"科技强军""质量建军"战略，进一步高度重视兵民结合的人民战争的战略战术研究与运用，始终牢记并掌握"军民团结如一人，试看天下谁能敌"这一法宝。

在新时期，面对日趋复杂的国际环境，军人的天生敏感性告诉我们——这个世界并不太平。因此，作为中华人民共和国的柱石，中国人民解放军需要进一步地紧紧抓住中国的特殊国情，做好强军的一切工作，需要进一步地牢牢抓住决定战争胜负的各方面的关键性因素，从要害处着手，全面加强军队的改革与建设。如此，才能确保我们这座保家卫国的钢铁长城永不倒塌！

回首过去，我们对战争充满敬畏。我们不轻言战争，我们不惧怕战争，我们只为战争做好准备。业绩造就伟人，战功成就军人。辉煌的中国革命史证明中国人民解放军是一支听党指挥、能打胜仗、作风优良的人民武装力量。

中国军人的勤奋和荣誉，足以鼓舞千秋万代的中国青年。

祝愿一切热爱军事、关心国防、热爱和平的读者朋友，能从包含中外著名军事经典的这套战争论丛书中汲取有益的养分，从无到有、由小到大、从弱到强地培育自己的国防军事素养，形成自己的国防观、战争观，以求在将来或许会发生的某个特殊的时刻履行自己保家卫国的神圣职责。

战争论丛书编委会

2015 年 10 月

目 录
CONTENTS

第一篇　国防经济学 1
　导言一　与塞克脱将军、佛兰克教授谈话资料 3
　导言二　塞克脱将军与佛兰克教授之问答 6
　导言三　解决当前国难问题的建议 11
第二篇　最近世界之国防趋势 17
　第一章　世界军事之新趋势 19
　第二章　兵学革命与纪律进化 26
　第三章　介绍贝当元帅序杜黑《制空论》之战理 35
　第四章　张译鲁登道夫《全民族战争论》序 42
第三篇　从历史上解释国防经济学之基本原则 47
　第一章　从中国历史上解释 49
　第二章　从欧洲历史上解释 54
第四篇　二十年前之国防论 61
　第一章　政略与战略（敌与兵）论战志之确定 63
　第二章　国力与武力与兵力 67
　第三章　义务征兵制说明 71
　第四章　军事教育之要旨 79

第五篇　十五年前之国防论 ·············· 89
　第一章　裁兵与国防 ·············· 91
　第二章　军国主义之衰亡与中国 ·············· 103
　第三章　义务民兵制草案释义 ·············· 110
第六篇　中国国防论之始祖 ·············· 117
附　录 ·············· 145
　附录一　欧洲大陆英雄之覆辙 ·············· 147
　附录二　速决与持久 ·············· 150
　附录三　从国际上观察各国外交之风格 ·············· 154
　附录四　日本人——一个外国人的研究 ·············· 160
　附录五　蒋方震小传 ·············· 182

第一篇

国防经济学

导言一 与塞克脱将军、佛兰克教授谈话资料

同外国人谈天,要想得到一点益处,有两种办法:第一种,研究他的著作,发现了几个问题,做几句简单的问句,请他答复;第二种,将我自己的意思并疑问,述成一个明了的系统,先期请他看了,然后再同他谈话,让议论上可有一个范围。塞将军[1]的《一个军人的思想》等著作并佛教授[2]的替秦始皇呼冤的王道(对霸道)主义,我是知道的。但是我这短短旅行,没有工夫研究理论,我所需要的是解决当前问题。所以我于约期会面之先,草此一文,送给他们两位。结果塞将军因病,又因为忙,仅仅得了五分钟的谈话,佛教授则畅谈两回。今先将此文录如左方[3]:

研究高深兵学的人,没有不感到历史研究的重要,近世德国首先创造了历史哲学,历史的研究蔚成了一种风气,足证德国军事天才的优越、国防事业的坚实,确有学术上的背景。就中国说来,孔子的最大努力就是编了一部有哲学性的历史——《春

---

[1] 即塞克脱。——编者注
[2] 即佛兰克。——编者注
[3] 即如下之意,下同。——编者注

秋》。不管他的微言大义对不对，但他终是努力从客观的事实中，寻出了一个主观的方向，所以《春秋》是中国历史著作一种划时代的创作。因为社会的过程是那样错综复杂，头绪纷纭，要从中寻出几个要点，成立一贯的系统——由此明了一个民族的传统精神，确是不容易的事。中国数十年来创造新式军队，事事只知请教外人，结果只学得外人的皮毛（因为外人有外人的传统精神，不是中国人所能学的），不能深入国民的心性，适应民族的传统，以致节节失败，原因有一部分就在于历史没有研究好。

古时的中国民族，当他走入农业经济时代，就遇着游牧民族的压迫，可是他能应用治水术，编成方阵形的农田（即井田），以拒绝骑兵及战车之突击。这一个方阵，成为一个最小的抵抗单位——同时又成为共同劳作的经济团体。所以中国古代军制即包含于农制之中，所谓"寓兵于农"。春秋两季更有大规模的打猎——有收获的秋季演习——或运动会，这种寓兵于农的精神之发展，后来又造成了长城与运河，这长城与运河就是中华民族精神的象征。

利用农民的乡土观念，做精神武力的基础，其结果有一个缺点，就是战术上防守性强而进攻性弱，但是随着经济力的自然发展，他的攻击性是变成迟缓的自然膨胀。如汉、唐、元、清之于陆；唐、明之于海，所以中国国民的军事特色，就是生活条件与战斗条件的一致。我于世界民族兴衰，发现一条根本原则，就是"生活与战斗条件一致者强，相离者弱，相反者亡"。生活上之和平与战斗，本是一件东西从两方面看，但是依人事的演进，常常有分离的趋势。不是原来要分离，因为愚蠢的人将它看作分离。财政部长见了军政部长的计划就要头痛，老粗又大骂财政部长不肯给钱。

近世史上曾国藩确是一个军事天才家,所以湘军虽是内战,但就国民性看来是成功的。他知道乡土观念是富于防守性的,所以第一步要练成一种取攻势的军队。政府叫他办团,他却用办团来练兵。他一面办团,利用防守性维持地方,保守他的经济来源;同时又练一种能取攻势的兵。他能在和平的经济生活与战斗的军事生活分离状况之下,双管齐下,使分离的编成一致。

但是他的天才所以能发展,却更有一个原因,这就是环境,能给予他及他的左右,一种事业的长期锻炼。因为同太平军天天打仗,不行的人事实上会自己倒,行的人自然得到了权力。但是现在谈国防,谁能用国家的存亡来做人才的试验场呢?

所以,我说中国近来衰弱的原因,在于知识与行为的分离。读书的人一味空谈,不适事实;做事的人一味盲动,毫无理想。因此将我们祖先的真实本领(即经济生活与战斗生活之一致)丧失了。

姑就军事来举一个简单的例,不到十年前,一字不识的人可以做大元帅,做督军,他们自然具有一种统御人的天才,但一点常识也没有,在现在怎样能担任国家的职务?反之,在今日南京各军事学校当教官的,十之七八还是终身当教官,没有直接办事的经验。

不仅军事,各社会事业都有此种倾向。这可说是现在的最大缺点,所以现在建设国防,有两个问题须提前解决:

(一)如何能使国防设备费有益于国民产业的发展?我们太穷了,应当一个钱要发生二个以上的作用。

(二)如何能使学理与事实成密切的沟通?现在不是空谈,就是盲动。盲与空有相互的关系,愈空愈盲,愈盲愈空。

导言二　塞克脱将军与佛兰克教授之问答

因为事前有相当准备，所以谈话时间虽少，却能集中于一个问题。居然得了许多我从前所不知道的材料和事实进行上的要点，如今为便于读者计，只能把他们的话，综合起来，作为我个人的叙述。

天才家，能从现在的事实里找出一条理想的新路的，在中国有曾国藩的办团练兵，即军事经济双管齐下的办法。在德国，亦可谓无独有偶，有一位菲列德大王[1]，与曾氏的办法却不谋而合。他第一天即位，就开库济民。有人说他受了中国哲学的影响（其实这不是现在人所谓东方文化，这是一种农业文化，中欧当时完全是农业社会，所以对于中国哲学容易感受）。中欧诸邦君，能懂得"百姓足，君孰与不足"的道理。他的军队以佣兵为基础，而且佣的是外邦兵。因为普鲁士人口当时不过二百五十万，而军队倒有八万多。如果将邦内的壮丁当了长期的兵，就没人种田，结果会闹成军饷无着。

因为佣的是外邦人，所以他在军事教育上发明了"外打进"的教育法——（孔子教颜渊以非礼勿动为求仁之目）就是从外表

---

[1]即腓特烈大帝，下同。——编者注

的整齐严肃，以浸润之，至于心志和同。军事有了办法，他随时注意到国富之增加。传说他想种桑，种棉，以土性不宜未能成功。所以七年战争除得了英国若干补助外，对俄、法、奥四周包围形势下的苦战，而国民生活还能维持过去。佛兰克于此，特别注意说："你要知道，菲列德的军事经济调和法，虽则现在全变了，但是他还留下一件真正法宝，（此）为德国复兴的基础。这就是官吏奉公守法（精神与组织）的遗传。有了这个正直精神，所以今天敢谈统制经济。"当时君民较亲，官吏中饱之弊肃清较易。不过他能将此精神应用到法律的组织上，如制定退伍恩给之类，所以不至于人亡政息，而能遗传下来。

英雄的遗产，是不容易继承的。可是不能怨英雄，只能怨自己习惯老是引头脑走旧路，而忽略了当前事实的改变。法国革命了，拿破仑出来了，带了一群七长八短的多数民军，到处打胜仗。普国军官看了十分奇怪，因为拿破仑也得到别一种的军队教育法，叫作"内心发展"。只要有爱国心，有名誉自尊心的法国成年男子，个个是勇敢的兵卒，帽子不妨歪戴，军礼不必整齐。法军的精神，恰恰同普军相反。不是"外打进"，却是"里向外"。这不整齐的法国民兵，数目上可比普鲁士大得多。

既然要多，那么佣兵是最不经济，而征兵是最经济的了。所以在也纳[1]吃了大败仗以后，却隆霍斯脱遂确定了义务兵役制。

近世经济改革之原动，起于轮船铁路。拿破仑看不起轮船，毛奇却深深地把握着铁路。他的分进合击的战略原理，有铁路做了工具，竟是如虎添翼。七礼拜解决了普奥问题，两个月到

---

[1] 即维也纳。——编者注

了巴黎，完成了德国战略的速决主义。谁知这个速决主义，又害死了人。

因为偏于速决主义，所以许多军事家想不到国民经济在战争上占得怎样位置。但是当时一般经济学家对于国民经济观念之不彻底，也是一个原因。

当千九百八十七年[1]间摩洛哥发生问题的时候，德国态度很强硬。英法两国，却暗中联合各国将商业现金存在德国银行的，尽量一提。这时德国中央银行没有预备，遂发生了恐慌。有人说德国态度因此软化，这可以说是欧洲大战前经济战争的预告。

在这时期中，德国参谋本部出版的《兵学季刊》中有一篇《战争与金钱》（此文我于民国五年[2]为解说《孙子·作战篇》起见曾经译出，托《东方杂志》发表，不幸遭了奉璧，所以始终没有与社会相见。亦可见当时的人们对此不很注意）。后来又有一篇《战争与民食》。偌大一个兵学研究机关，于范围最广阔、事件最深刻的经济问题，战前只有一篇论金钱、一篇论粮食的文章讨论到战时经济。民间的经济家也只有一位雷那先生的《德国国防力的财政动员》。

到了八月一号宣战，八号赖脱脑就提出统制原料的建议于政府。军政部因此添设了一个资源局，但是内务部却拒绝了。理由是军事所需的原料，已由军部与商人订约承包，到期不交要受罚的（赔钱），现在统制原料反可使社会不安。哪里知道封销政策成功，有了现金，还是买不了东西。可见当时以世界经济市场为根据的头脑，对于战争的新经济事实的观察，是如何谬误。

---

[1] 有误，应为1906年。——编者注

[2] 即1916年。——编者注

慷慨就死易,从容赴义难。义务兵役制,实行了百年,说国家可以要人民的命,人民是了解的;世界市场商业经济之下,说国家可以要人民的钱,可是人民不容易了解。

军事范围扩充到民生问题,而内政上就发生了许多扞格。战事进行中防市侩之居奇,于国民生活必需品,政府加以一定的价格,不准涨价,这是正当的;但是军需工艺品是目前火急所需要,军部却不惜重价地购买。其结果,则工厂发财,农民倒运。多数的农民,投身到工厂去,轻轻地、暗暗地把土地放弃了。经济生活,根本地动摇了,社会的不平衡一天重似一天,而百战百胜的雄师,遂至一败涂地。

事实转变太快了,人的脑筋跟不上。可是佛兰克教授,还是拍膝嗟叹地说:"咳,不患寡而患不均!"

经过了这场创巨痛深的经验,才渐渐地成立了国防经济的新思想。此种思想,如何而能按照实际发生有效的能率,是为国防经济学。第一篇所发的两个问题,即是国防经济学的成立之基础。

(一)生活条件与战斗条件之一致,即是国防经济学的本体。

(二)经济是一件流转能动的事实,所以从事实上求当前解决方法,是治国防经济学的方法。

不过这种学问,在德国来说,又另有一种意义,因为大战以后,德国国力整整损失了三分之一。这三分之一的力量,又一律加到了敌人方面去。德国民族要想自强,正要从不可能中求可能,人家说巧妇难为无米之炊,但在德国"无米"已成了不动的前提,而生存的火,如果不炊,就是灭亡。所以有米要炊,无米也要炊。说也奇怪,绝处自有生路。他们的方法大概可分为两种：第一，用人力来补充物力。没有地，用义务劳动来垦荒。没有油，用化学方法来烧煤，乃至橡皮肥料等种种。第二，用节俭来调济企业。没有牛油，少吃半磅，没有鸡子，少吃一个。可是五千万造炼油厂，七万万造国道，却放胆地做去。照普通经济学说来，有些违背自然原理。但是比俄国没收农产物，到外国来减价出售，以换取现金，购买五年计划的机器，还算和平得多啊！

导言三 解决当前国难问题的建议

由导言一可见,国防经济学的原则是最旧的。而世界上最先发明这个原则的还是我们的祖宗。可是这个发明,也是经过了一场惨痛的经验,几度地呼天泣血,困心横虑,而后增益其所不能。这就是孟子说的大王事獯鬻。讲尽了外交手段,竭尽所能的珠玉皮币,结果还是"不得免焉"。所谓"穷则通",因此想出一个又能吃饭又能打仗的两全其美的办法。到了后来,周公又把这方法扩大了,一组一组地派出去殖民(封建),建立华族统一中夏的基础。一线相传,经过管仲、商鞅、汉高、魏武,一直到曾国藩、胡林翼,还能懂得强兵必先理财的原则。(《读史兵略》第一卷《卫文公》章下胡林翼的唯一批语)

从导言二,可见这个原则又是最新的。欧洲以前最肯研究兵事的德国也不知道。研究经济学的也不明白。到了战胜之后,凡尔赛会议的世界大政治家,还是不知道,所以国联盟约里,要想用经济绝交的手腕,来维持和平。乔治·克里孟梭[1]在一九一九年还要抄一八〇九年拿破仑失败的老文章。殊不知经济绝交,只

---
〔1〕即法兰西第三共和国总理乔治·克列孟梭。——编者注

能用之于战时，不能用之于平时。因为人们可以禁止他斗争，而不能禁止他生活。但是能够生活，就能战斗。战斗与生活是一件东西。德国之复兴，意大利发展之可能性，都是根据这原理，而同时却是受国联盟约刺激而来。

但是要想解决中国当前的国难问题，复古也不行，学新也不行。还是从新古两者中间再辟一条路。如今且从世界全体状况来说起，所谓国力的元素（战斗的与经济的是同样的），可以大别之为三种：一曰"人"，二曰"物"，三曰人与物的"组织"，现在世界上可以分为三组：

第一组三者俱备者，只有美国。实际上美国关于人及组织方面尚有缺点。所以美国参谋总长发过一句牢骚话说："如果开战我们要把那些破烂钢铁（就指现在的军实）一起送到前线去，让它去毁坏，只教能够对付三个月，我们就打胜仗了。"这句话的意思，是表示他国内物力（包含制造力与原料）的充足，而因为商人经济自由主义太发达，政府无法统制，不能照新发明改进。所以说人及组织上有些缺点。但是这个缺点，有它的地势，并制造方之伟大，人民乐观自信心的浓厚，补救得过来。

第二组是有"人"有"组织"而"物"不充备的，为英、为法、为德、为意、为日，以及欧洲诸小邦。这里面又可分为二种： 第一种如英如法，本国原料不足而能求得之于海外者。物的组织长于人的组织。 第二种如德如意，原料根本不够，专靠人与组织来救济。

第三组为有"人"有"物"而组织尚未健全者，为俄。

今日欧洲人所劳心焦思者，重点偏于物之补充，所谓基础武力 force potentielle 者，即是此义。至于人及组织之改善，要皆由于物之不足而来。故若将今日欧洲流行之办法强以行之中国，其事为不可能，抑且为不必要。

盖今日之中国亦处于有"人"有"物"而组织不健全之第三组，而中国之生死存亡之关键，完全在此"组织"一事。此在稍研究德法两国历史者皆可知之。菲列德、拿破仑军事行动的天才，不过为今日战略者参考之具，而其行政系统之创造保持，则迄今百年，而两国国民实受其赐。德国之外患经两度，法国之内乱经四度，皆几几可以亡国，而不到二十年即能复兴者，此行政系统之存在故也。故中国不患无新法，而患无用此新法之具，譬如有大力者于此，欲挑重而无担，欲挽物而无车，试问虽有负重之力，又何用之？

今日中国行政范围内未始无系统之可言，如海关，如邮政，确已成功一种制度；虽不敢谓其全善，但较之别种机关，已有脉络可寻。故今日欲谈新建设，则内而中央，外而地方，皆当使一切公务人员有一定不移之秩序与保障，此为入手第一义。

我说中国最没出息的一句流行话是"人亡政息"（这一句话是战国时代以后造出来的，孔子不会说，孔子时代是政息而人不亡）。天天在那里饮食男女，何至于人亡？政治原是管人，人亡而政可息的政，绝不是真正好政，像一大群有知识的人，内则啼饥号寒，外则钻营奔走，而负相当职务的，又时时不知命在何时，谁还有心思真正办事？

官吏有了组织，在国家说来，是政府保障了官吏。在个人说来，实在是官吏被质于政府，他的生命财产名誉一辈子离开不他的职务，然后政府可以委任以相当责任。德人有一个专门名词，名曰"勤务乐"，这个勤务乐是与责任连带而来。若如现在的一个衙门的公事只有部长一人画稿负责,这勤务乐就永久不会发生,而且一定弄到事务丛脞。拿了这样朽索,来谈今日世界的物质建设,可以断定三百年不会成功。

官吏组织不过是最小条件,现在要谈全国的社会的组织问题,则范围更大而深刻了,原来中国现在还脱离不了农业生活,而农业生活单位组织的家庭制度,已经破坏无余。周代的宗法,财产传长子,是农业的标本精神(日本现在民法还是如此,所以新兴的知识阶级都是次男)。不知几时发生了平分财产的习惯,一个较好的中农阶级经不上二代就把他的土地分得不成样地零碎。不仅如此,一个家如有两个兄弟,不是互相推诿,就是互相倾轧(德国从前有限制分地法,因为德国民法也是平均分配于子女,所谓两马劳作单位,是农田以两个马一天所能劳作的范围为最小单位,此单位不准分割)。

所以到今日,先生们有的还在那里攻击礼教,有的还在那里想维持礼教。其实一只死老虎,骨头已经烂了几百年。一个还要寻棒来打它,一个还要请医生来打针,岂非笑话?

不过人类总是有群性的,而经济生活总是由彼此互助而发展,这里面本有天然的组织性。如果仔细考察,就可发现新组织的办法。这种办法不外乎两条路,而应当同时并举。一条是地域的组织,一条是职业的组织。

农民之爱土地,可说是爱国心的根苗。土地依天然之形势,自有其一定之区划,顺其自然之势,而国家所注重者,只在这许多个重要的神经结。这个神经结在军事上名之曰战略要点,然同时又必为经济中心。在中国这个幅员广阔的国家,这几个神经结,应该由中央直接管理,而其余的地方不妨委之于地方自治,而中央为之指导。自治之单位应从地方之最小单位起，而提倡每单位间之共同利益，及单位与单位间之互助，为政府指导之大方针。

职业的组织应以固有的同业公会为基础：（1）凡业必有加入公会的义务。（2）业必须由国家分类，其数不可过多。（3）公会办事员应由同业选举，而秘书长应由中央选任。（4）各地秘书长应隶属于国家最高经济会议。

"工欲善其事必先利其器"，我们现在这个"器"还不曾完备，而即刻想直抄外国的蓝本，必致有其名无其实，而地方会发生种种危险。但是经济与国防两件事是天然含有世界性的，所以件件又必得照外国方法做。又要适于国情，又要适于应付世界，这中间有俟乎所谓"组织天才"，中国的管子、商鞅，外国的菲列德、拿破仑，就是模范。

第二篇

最近世界之国防趋势

第一章　世界军事之新趋势

绪言

龚孟希兄因为我刚从欧洲道由美洲归来，军事杂志又适以此题征文，乃转征及于我，起初很高兴，但执笔的时候，忽觉头痛，何以故？因为对着题目一想，就有两种深刻惨痛之思想隐现于脑际：（1）不错，我是刚从欧洲回来，可以晓得现在最近世界军事的形势；但是我所见的事，所读的书，是一九三六年的，却都是一九三五年活动的结果；譬如我目前，所有最新的军事年报，题目是"一九三五年的世界军备"，而内容所说的，却是一九三四年的实迹，在我为新，在彼为旧，拾人唾余，以自欺欺人，良心上有点过不去。（2）德国的游动要塞（就是国道）一动就是几万万马克；法国巴黎的工厂搬家费（为防空故），一动又是几万万佛郎[1]；到最近的英国白皮书，那一五万万镑的，更可观了！军事之所谓新的就是建设，在今日中国，几乎没有一件，是固有经济力所担任得起的；那么谈新趋势，岂不是等于"数他人财宝"，说得好听，做不成功——但是后来，这两种苦痛，

---

[1] 即法郎。——编者注

到底用两句成语来解决了，第一句是"温故而知新"，第二句是"天下无难事，只怕有心人"。所以征文的题目，是"新"趋势，我却要谈几件"故"事。征文的题目是"军事"之新趋势，我却要谈一点"经济"的新法则，如果责备我文不对题，我是甘受的。

故事先从普法战争说起：第一件是师丹[1]这一仗，拿破仑第三[2]以皇帝名号，竟投降到威廉一世之下做俘虏。他投降的时候，说一句话："我以为我的炮兵是最好的，哪知道实在是远不及普鲁士，所以打败了。"拿破仑倒了，法国军人可是镂心刻骨记得这句话，于是竭忠尽智的十几年工夫，就发明了新的管退炮，这种快炮在十九世纪末，震动了欧洲的军事技术家，德国也自愧不如，所以改良了管退炮之外，还创造了野战重炮来压倒它。但是俗语说得好："皇天不负苦心人。"法国军人，以眼泪和心血，发明的东西，到底有一天扬眉吐气，时为马仑战役之前，德国第一军、第二军从北方向南，第三军从东北向西，用螃蟹阵的形式，想把法国左翼的第五军夹住了，整个地解决他，法国左翼知道危险，向南退却，德国却拼命地追。在这个危期中，法国第五军右翼的后卫，有一旅炮兵乘德国野战重炮兵不能赶到之前，运用他的轻灵敏捷的真本领，将全旅炮火摧毁了德国一师之众，横绝的追击不成功，害得今天鲁登道夫老将军，还在那里叹气说："谁知道法国拼命后退，包围政策不能成功。"[3]而贝当将军，因此一役，却造成了他将来总司令之基础。我们要记得

---

[1] Sedan，色当。——编者注
[2] 拿破仑三世。——编者注
[3] 见《全体性战争》。

有人问日本甲午战胜的原因，日本人说："用日本全国来打李鸿章的北洋一隅，所以胜了！"

所以拿破仑败战的是"故"，管退炮的发明是"新"，由管退炮而发展到野战重炮是由"新"而后"故"。而法人善于运用野炮，收意外的奇功，则又是"故"而翻"新"。

普法战争的时候，铁道在欧洲已经有三十几年的历史了！老毛奇领会了拿破仑一世之用兵原理，便十二分注意到铁路的应用，将动员与集中（战略展开）两件事，划分得清清楚楚。于是大军集中，没有半点阻害。但法国当时也有铁路，也知道铁道运输迅速，却将它来做政治宣传材料（法国当时想从速进兵莱茵，使南德听其指挥），不曾把它组织的运用动员与集中，混在一起。预备兵拿不到枪，就开到前线，拿了枪，又到后方来取军装，闹得一塌糊涂；所以宣战在德国之先，而备战却在德国之后；法国的主力军，不到两个月就被德军解决，这是法国军人的奇耻大辱，所以战后就添设动员局，参谋部也拼命研究铁道运输法，结果不仅追上了德国，而且超过它，发明一件东西，名曰调节车站制，这调节车站的作用是怎样呢？譬如郑州是"陇海""京汉"铁路的交叉点，这郑州就是天然的调节车站。这个站上，有总司令派的一位将官，名曰调节站司令官，底下有许多部下，必要时还有军队（为保护用），部下幕僚多的时候，可以上千，他所管辖的路线，有一定区域，在他桌上有一张图，凡区域内的车辆（此外军需品等不用说）时时刻刻的位置，一看就可明白，所以总司令部调动军队的命令，不直接给军长师长，而直接下于调节站司令官，站司令官接了总司令的命令，立刻就编成了军队输送计划。这张计划，只有站司令官知道，他一面告诉军长，第一师某团应于某日某时在某站集合，一面就命令车站编成了列车在站上等候军队。这种办法，不仅是简捷便利，而且能保守秘密，这是欧洲大战前法国极秘密的一件鸿宝（可是曾经被一位日本皇族硬要来看过），果然到了马仑一役，发挥了大的作用。福煦将军之第九军，就是从南部战线上抽调回来而编成的，要是没有这调节站的组织，南部战线抽出来的军队，赶不上救巴黎，战败之数就难说了。

所以铁路创造了三十年是"故"，毛奇却活用了，成了他的"新"战略。法国人又从毛奇运用法中，推陈出新地创造了调节站，把老师打倒，可见有志气的国民，吃了亏，他肯反省，不仅肯虚心地模仿人家，而且从模仿里，还要青出于蓝地求新路。

普法战争以后，法国人自己问，为什么我们会失败？现在这个问题，发生在德国了，为什么大战失败？

最要紧的，要算是英国封锁政策的成功，原料、食粮一切不够，经济危险，国家就根本动摇，国民革命，军队也维持不住，所以在战后，痛定思痛，深深了解了一条原理，是战斗力与经济力之不可分；这原理的实行，就是"自给自足"，不仅是买外国军火，不可以同外国打仗，就是吃外国米，也不配同人家打仗。

因为经济力，即是战斗力，所以我们总名之曰国力，这国力有三个元素：一是"人"，二是"物"，三是"组织"；如今世界可以分作三大堆，三个元素全备的只有美国。有"人"有"组织"，而缺少"物"的，是欧洲诸国。所以英法拼命要把持殖民地，意德拼命要抢殖民地；有"人"有"物"而缺少"组织"的，是战前的俄国，大革命后，正向组织方面走，这是世界军事的基本形势。

在这个形势下，最困难同时又最努力的，当然要算德国；因为大战失败后，经济主要物的"钱"，是等于零，"物"又有整整减少全国三分之一，加到敌人方面去，现在只剩有"人"与"组织"，在这绝路中，巧妇居然发现了"无米之炊"的办法。所以我说："天下无难事，只怕有心人。"

这个办法，德国发明了，世界各国总跟着跑，这就是世界各国现在取消了财政总长，换了一位经济总长，而这位总长的全副精神，不注重平衡政府对于国内的岁出岁入，而注重调节国家对外贸易的出超入超。海关的报告书，比国会的预算案增加了十倍的价值，原则是这样的，凡是要用现金买的外国货虽价值不过一毫一厘，都要郑重斟酌，能省则省，凡是一件事业，可以完全用国内的劳力及原料办的，虽几万万几十万万尽量放胆做去，所以现在德国一会儿没有鸡蛋了，一会儿没有牛油了（因为农产不够须从外国输入），穷荒闹得不成样子，可是一个工厂花上了几千万，一条国道花上几十万万，又像阔得异乎寻常。

国防的部署，是自给自足，是在乎持久，而作战的精神，却在乎速决，但是看似相反，实是相成；因为德国当年偏重于速决，而不顾及于如何持久，所以失败，若今日一味靠持久，而忘了速决，其过失正与当年相等。

有人说："大战时代的将军，都是庸才，所以阵地战，才会闹了四年，如果有天才家，那么阵地战绝不会发生。"现在天空里没法造要塞，空军海军，都是极端的有攻无守的武力，所以主帅的根本战略，还是向速决方面走。

新军事的主流，是所谓"全体性战争"，在后方非战斗员的劳力与生命，恐怕比前线的士兵有加重的责任与危险，而一切新设备之发原，在于国民新经济法的成立；"战争所需要，还是在三个'钱'字。"（意大利孟将军之言）

德国人第一步，是经济战败，第二步，却是思想战败，思想问题，可是范围太大了，姑从军事范围内来说明：却好有去年，国防总长勃兰登堡元帅，为《兵学杂志》作的一篇短短的宣言，不仅可以看见将来兵学思想的趋势，还可以作我们杂志的参考：

德国国防的新建设，及未来战争的新形式。给予我们军官的精神劳动以新的基础及大的任务，所以有这新成立的兵事杂志。

它是严肃的，军人的，精神劳动之介绍者；如同从前的《兵事季报》在军官团统一教育上负有绝大的工作，今日这种新杂志，是真（学术的）和光（精神的）之新源泉，即是从"知"到"能"的一座坚固的桥梁。[1]

有三个原则可以为《兵学杂志》之指针：

（一）一切既往的研究，如果不切于现在及将来的事实，是没有用的。

（二）全体比局部重要。细目在大局里，得到它的位置。

（三）思想的纪律，包含于军纪之中，著者与读者须同样负责。

这三条指针须加以简单说明：

第一条解释　十九世纪的初元，德人好为玄想（故有英制海法制陆德制空之讽词，此空非今航空之空，乃指康德之哲学），矫其弊者，乃重经验，重历史，其实加耳公爵[2]（德国第一人战胜拿破仑者）言"战史为兵学之源泉"的原则，仍是不变，而

---

〔1〕德军官有句成语："不知者不能，从知到能又要一跃。"因为要一跃，所以他说一座桥。

〔2〕即卡尔大公，奥地利帝国元帅，军事理论家。——编者注

德人后来，不免用过其度。最近意大利杜黑将军之《制空论》一书，刺激了许多青年军官的脑筋，往新方向走。杜将军[1]反对经验论，以为经验是庸人之谈，以创成其空主陆（海）从之原则，他的立论，在当时虽专为空军，但是思想涉及战争与兵学之全体，他的运用思想方法，也别开生面，杜黑可名为最近兵学界的彗星！能运用杜黑思想于陆军，恐怕是将来战场上的胜者！这是勃元帅[2]新的急进派的理想，而可是用稳健的态度来表明。

第二条解释　十九世纪下半期，德国科学大为发达，而军官又以阶级教育之故，有专识而无常识，故世人讥之为显微镜的眼光，言其见局部甚周到而忘其大体也；当年德国外交经济乃至作战失败原因，未始不由于专家太多。看见了局部，看不见全体之故。

第三条解释　"一国的兵制与兵法，须自有其固有的风格。"此是格尔紫[3]将军之名论。现在兵法，仍分为德法两大系，英接近于德，俄接近于法；德国自菲列德创横队战术，毛奇加以拿破仑之战争经验，而活用之。普法战争前，十七年工夫，其大半精力费于教育参谋官，使其部下能确切明了，而且信任主帅战法之可以必胜，在毛奇名之曰"思想的军纪"。故德之参谋官，随时可以互调，而不虞其不接头，此德国军官团之传统精神也。大战失败以后，理论不免动摇，近时著者，对于许立芬[4]、小毛奇、鲁登道夫乃至塞克脱将军之议论，不免有攻击批评之态度（近日已禁止），故勃将军郑重声明，欲恢复其固有之传统精神也。

---

〔1〕即上文的杜黑。——编者注
〔2〕即勃兰登堡，下同。——编者注
〔3〕即戈尔茨，下同。——编者注
〔4〕即施里芬。——编者注

第二章　兵学革命与纪律进化

四月一日在中央航空学校讲

兹将最近在欧洲视察所得,择其大要,与诸位一谈。

在未讲本题以前,先要将我们的祖先,我们的民族英雄,他的尸骨现在还能照耀湖山而发生光彩的岳武穆所说"运用之妙,存乎一心"两句话来解释一番。这是岳武穆由于经验得来的一句兵学革命的名言,同时即是现代实战的方法。但是过去一般不懂军事的人却解释错了。他们断章取义把"存乎一心"误解为存乎主帅一人的心——就是看重了一个心字,而把这个"一"字看轻了。原来这个"一"字应当作为动词解,不应当作心字的形容词解。书上明明说着武穆好散战,宗泽戒之,武穆答曰:"阵而后战,兵法之常。运用之妙,存乎一心。"阵字用现代兵语讲,就是"队形",队形的作用,就是使多数人能够一致动作。譬如检查人数,要是一百个人东一堆,西一堆,一时就数不清,如果排成两行,一看就明白。所以战斗要用横队,就是要使多数人能在同一时间使用武器。运动要用纵队,就是多数人能容易变换方向,适合于道路行进。所以用外国战术演进史来解释,阵而后战的"阵",就是德国菲列德式的横队战术。"散战",即是"人自为战",即是拿破仑的散兵战。岳武穆是发明中国散兵战的人。(不是因为当时的武器,是因为当时的军制)

人自为战最要注意的问题,就是特别需要纪律,就是特别需要一致。诸位学过陆军的,都知道现代战争,要把队伍疏开成散兵线才能作战,但队伍成了散兵线之后,须利用地形,故队伍不必求其整齐,放枪也不要求一起,各人利用地形,各人瞄准,这一种自由的纪律,比规定的死板的纪律,要强得多。所以岳武穆说"运用之妙,存乎一心",这就是说:有纪律的人自为战,在形式上差一点,是无关紧要的,最要紧的是精神上的一致,倘精神纪律能够一致,一定可以打胜仗,这种论理,岳武穆与拿破仑所发明都是一样的。我们知道,当法国大革命时,拿破仑统率一群训练时期很短的民军,把欧洲许多国家已经训练了一二十年的老兵,打个败仗,就是有纪律的人自为战的结果。

讲到军队纪律之进化,可分三大段:

第一阶段,纪律是靠法——也可以说是用刑——来维持的,在野蛮时代练兵方法都是用刑罚来督责士兵,不听话不服从,便打他,甚至于杀他,因为在野蛮时代,不用刑罚,便无法统率士兵。德国在十八世纪,也是佣兵制度,尤其是普鲁士都是佣外国人当兵与外国人打仗,使自己的百姓能从事于耕种,以免军饷无着。普鲁士起初都是训练外国兵,士兵稍有不对,立即鞭挞,故普鲁士之练兵方法,以严格著称于世,这完全是以形式来树立军纪。

第二阶段,军纪是依情感来维系的,这比较用刑罚来维持的算是进了一步,用情感来维系军纪,可以分为两方面来讲:一种是官长待士兵很好，上下感情融洽，士兵由于情的感动听受官长的指挥。另一种则因后来兵额扩充，兵与兵之间发生感情，或由于同乡同省的关系发生感情，来维系军纪。[1]

但是历来带兵的人，总是法与情两者并用的，这在中国就是所谓"恩威并济"的方法。

第三阶段，现代由于兵学革命，纪律也跟着进化到了自由——也可以说是自动——的时代。军纪还可以自由吗？为什么现代军纪要进化到自由的地步呢？先要知道自由的意义。我说靠"法"或"情"来维持的军纪，都不是真的纪律，真正的纪律，绝不是国家的法律或官长的情感所能勉强养成功的。现代的纪律要由各人内心自发，尤其是空军的纪律，非走上自由——自动之路不可。就以最易统率的步兵来讲，在欧战初期，在阵地上连长还可以照顾全连的士兵，但是到了欧战末期，武器进步，不仅连长不能照顾全连一百多名士兵，就是一个排长，在战场上有时也照顾不了一排的士兵，你要照顾士兵，就先受到伤害。所以现在各国不仅要空军能各个独立作战，就是向来最易统率的步兵，也要养成各个均有单独作战的能力。要养成这种纪律，绝不是外力所能造成的，完全要由内心自发。在军事教育上本来是有两种方法，一种叫作"外打进"，一种叫作"里向外"。"外打进"的方法，就是从外表仪态的整齐严肃，行动必须规规矩矩（孔子教颜渊非礼勿动，非礼勿视，非礼勿听，为求仁之目）以浸润之，使心志和同，养成纪律。至于"里向外"的方法，这是拿破仑所发明的，其教育方法是启发其爱国心、自尊心，使人人乐于为

---

[1] 参观下文军队教育章。

国牺牲,但外表则不甚讲求,故帽子不妨歪戴,军礼不必整齐,然而实际作战,便能得到非常的成绩。当法国在大革命时,人民不管自己对于枪会不会开、放,但是一听到"祖国危险了"的口号,成千成万的人便自动地拿起枪杆上前线与敌人作战。法国有一张图画,是纪念革命时代人民爱国的心理,其图为一家族,有绝美的太太,有极可爱的小孩,同男人正在一桌吃饭。忽然门口飞进一张纸条,纸上写了"祖国危险了"几个字,于是男人就放下饭碗夺门而出,踊跃赴战场应敌。那时法国四面都是敌人,而且敌人的军队都经过长期的训练,论武器亦较法国民军优良得多。但是法国民军作战的精神,个个都勇敢非凡,所以在拿破仑未出世之前,法国一个国家,已经可以抵抗全欧洲的敌人。故自法国革命以后,便可以证明人民为国牺牲是无可留恋的。军事教育虽然有分"外打进""里向外"两种,但是现在各国练兵方法,都不偏重于一种,而是两种并用的。他们军事家一致感觉,必须训练,使他们的士兵没有长官而能打仗,这才是好军队。近代战争要人自为战,并且每个人都要由内心的自觉来遵守纪律,这才是近代最进步、最高等的军纪。

说起自动的守纪律,我可以用写字来做比喻,比方我们写信给朋友,往往觉得字写得不好看,要重新写一遍,其实对方朋友并没要求我们的字写得怎样好看,这就是由于自己的兴趣所发动的,非如此便感觉不痛快,又如做文章,往往改了又改,这都是自求满足的精神的表现。现在军事上由于兵学革命,纪律非出于自动不可,比方现代战争,一个连长在战场上无法照顾全连人,所以连长在平时要教导士兵,到了战时,在战场上能照他所讲的自动去做,这算是一个好连长。空军的纪律尤其要出于自动的,倘使飞行人员不能自动地守纪律，司令官要他去担任某种任务，他却驾了飞机在天空乱飞一阵回来，至于是否达到任务，司令官耳目不能看到，自然不得而知。所以我说空军的纪律，必要出于自动，才算是一个现代的空军战斗员。

现在再讲自动纪律的意义。先要明白个人与社会的关系，墨索里尼解释个人的说法，他说，个人是由于过去无数代的祖宗，所递遗下来的，个人也可以遗传未来无数代的子孙，所以个人是社会造出来的，个人是属于国家的群众的，个人的发展，也就是社会全体的发展。所以个人可以说不是自己的，是国家的。我们中国在"九一八"以前，国内党派很多，彼此意见不能一致，但自"九一八"以后一直到现在，全国民众对于中央政府及蒋委员长均一致竭诚拥戴爱护。这就是国民走上自动纪律道路上的证据。以前在军队里如果大家不能一致，长官就要用刑罚来督责你；现在我们整个国家不能统一，民族意志不能一致，上帝的刑罚就要加到我们头上来，而这种刑罚不比普通的刑罚，它可以使你亡国灭种，几代不得翻身。

再从纪律的进化讲到兵学革命

最近我看航空杂志上有人为文介绍杜黑主义。杜黑这个人原来是学炮兵的，后来又学空军，欧战时候，因为大胆地说明意国军队的不行，曾经坐了一年牢，后来意军大败，研究原因，原来都是杜黑当年所报告指摘过的，所以战役将终，又恢复原官升为将官。他的理论在十年前，英、德、法各国军事家都当他是一个疯子或理想家。他的理论，自成一派，可是在十年之后，现今世界各国军事学家,都很注意研究他的主义,并且看到有一法国军官研究杜黑主义,著成一部专书,法国贝当大将并且做了一篇很长的序文,现在德国人又将它翻译。杜黑主义的立论虽系以空军为对象,现在海军是否已受其影响,我不是海军专家,不能肯定下断语,但是陆军现在已走上杜黑主义之路。所谓杜黑主义,盖即采取新攻击精神的战术是也。(杜黑主义后文另详)

将来战争,要怎样才能制胜呢?我可以说,陆军强不中用,海军大不中用,空军勇也不中用,将来得胜的要诀,你要从陆海空中间去寻。这个方向是杜黑发明的,可是现在欧洲的战略家,还在东走走西走走,没有得到确定的路线。有几个人,不自觉地走上这条路,居然成功。现在同诸位空军官长说,我先举一个例,你们知道意国巴而霸空军飞渡大西洋的成功罢。但是要知道,这不是专是空军做的事,他在二三年前,飞机还在打图案时代,已经派了许多巡洋舰,在那里测量气候了,空军飞行的路线是海军定的,所以人家说林白的飞行成功是勇气,巴而霸的飞行成功是头脑。这件事是未来大战术的一点光,诸位须要切记的。

我如今再从战史上讲一件事,作为诸君用心的基础,我们现在这个"师"字,欧洲原文叫作division,这个字的原义,是分的意思,在十八世纪时代,步兵骑兵炮兵大概各自集团使用,拿破仑就能将迟重的炮兵轻快地使用,所以能将步骑炮三种兵联合起来,组成一个能独立作战的师,而以师为作战的单位。这个单位的发明,是战术上的一大进步。现在各国陆军大学研究战术,都以此为基础。我的思想,将来的空军就是骑兵,海军就是炮兵,陆军就是步兵,但是现在各国还没有一最高大学,来研究陆海空三兵种一致作战的办法。这是世界留给我们发展能力的余地,我们不可辜负了它的美意。

明明是步骑炮三兵种联合起来，才成为一师。那么师字的意义，应当叫它"合"，何以又取"分"的意义？这里面含有很深的意思，因为样样都有（合）才能独立（分）作战。合与分有连带的条件，这不仅是战争的真理，也就是人生生活的原则。如果种田的人反对织布的人，那么他有饭吃他可没衣穿，推之百工的事都是一样。所以要"合"才能"分"，同时又可以说要"分"才能"合"。

如果从表面来说，从前各国空军有的是隶属于陆军的，有的是隶属于海军的，这不是空陆空海联络格外容易些么？哪知道这却是走了合的反对方向，现在主张研究陆海空联合作战的人，没有一个不主张空军独立的，因为空军能独立，所以才"要"联合，才"能"联合，这与上文所谓"自由——自动的纪律"精神相一致，我们知道下等动物其组织最为简单，饮食、消化、生殖都靠一种机关，生物愈进步，分工的机关愈多，而它的能力愈大，而统一的运动愈巧妙，譬如吃菜要各味调和，譬如听乐要各音合奏，这才是统一，是联合，不然就是"孤立""杂凑"，孤立与统一，杂凑与联合，形似而精神不同，这是千万要注意的。

我们单就陆军方面看，回想三十年前的步骑炮兵，真是同"阿米巴"（生物之最初）一样，一团步兵，一律的各人一杆五响毛瑟，有到一尊机关枪，以为新奇，但是现在一连步兵里，就有轻机枪、步枪、掷弹枪、手榴弹等等四五种武器，一营一团，更加复杂了。我们须要觉悟，器械如此一天一天地复杂，就是一天一天地要求着我们的精神的统一。

各国的陆海空军，都是往着统一联合的路上走，但是有一种困难,就是找不到一个真正能够统一指挥的人,如同日本,名义上当然是天皇,但是实际办事,陆军参谋总长同海军军令部长,就立于对立的地位,彼此不相上下,陆军捧了皇帝的叔叔出场,海军就推举了皇后的姑丈,因为寻出一个能够统御全军的人物,不是一时所能做得到,而在历史上看来几百年不容易寻出一个来,现在英、美、法、德都感着十二分的困难。我们应当欢喜,我们应当小心,我们现在有了天然造成的陆海空唯一的领袖,譬如大金钢钻石,几百年才发现一个的,我们应当如何保重他!

新战法的方向是找到了,但是我们还要研究前进的方法,杜黑却发现了一句很重要的话,他说"未来之于现在较过去为近",这句话很有极深的意味。我在视察欧洲战事回来,曾经说过,世界的物质总是向着新方向走,但人类的脑总是向过去回忆,所以思想的进步比物质的进步慢,我想这个意思很可以解释上文杜黑这一句话。

德国人从前总是老气横秋地讲经验,讲战史,可是现在国防部长告诫部下,在《兵学杂志》第一期第一条就说:"一切既往的研究,如不切于现在与将来的事实,是没有用的。"法国贝当将军批评杜黑说:"他是一个革命党,他的理论虽有些邪气。但是他的方法,的的确确是正统派,是古典派。"

可见杜黑的新学说,已经动摇了德法两大国军事首领的精神了。

人类的脑筋,跟不上世界的进步,这是很奇怪的真理。欧洲大战后,各国的代表,都是当时第一流人物,但是在凡尔赛签订和约的时候,这许多第一流人物的政治家,便想出种种方法来限制德国的军备。但是他们的根本思想,都是从过去着眼,所以他们的限制条件，却反转来做了德国军事复兴的基础。

比方限制德国军舰不得过一万吨，德国却因此发明袖珍军舰，其使用比三万五千吨的大军舰更加便利；限制陆军不得过十万人，德国把这十万人做下级干部用，造成了义务民兵制的基础；禁止设陆军大学，却使德人发明了参谋班的办法，其成绩比老在一个学堂里好。最后英国人还有一件法宝，就是经济绝交，当欧洲战争时候，这个方法的确有效，但是到了和平时代，德国却因此使工业化学得到长足的进步，没有汽油用煤来炼，没有橡皮用化学来制造，再进一步，就建设了国防经济学，使平战两时的国民经济发生了根本的联合，现在英法俄诸国倒反过来要去学它。

有一位老军官告诉我说："世界发明一种新兵器，在战时要二年的经验，在平时要二十年的经验，才能真正会使用、会发挥它的长处，如同机关枪、战车都是这样。"我希望我们大家在陆海空三军统一作战的眼光下，来发扬我们唯一领袖的威光——实行我们领袖呕心沥血而创造成新兵力的神圣职务。我们还须记得，上文所谈兵学革命，不过仅仅是一点曙光，一个种子，我们还要用一切的劳力来切实追求这一点光，还要用眼泪和鲜血来切实地培养这一颗种子。

第三章　介绍贝当元帅序杜黑《制空论》之战理

我要郑重介绍这一篇文字，在欧洲就看见此文的德文稿，我不敢骤译，特请庄仲文兄求得其原本，先以法文原本翻译，再取德文以为参考。因为法文本来简洁，而欧洲名将作文，向有一字千钧之例，所以一字咬不明白，就会以误传误。此篇所译，虽字义或有未妥处，然其意义总不至于不明白。

何以我对于此文译稿如此郑重，因为这是未来战理，即新战略之曙光。

欲明未来，先谈过去，我是先在日本军队中研究德国战术，它们根本是一条路线，老师教一句记一句，自己尚不会用思想，后来到德国读了德国战术著述家巴尔克的《德法两国战术之异同》才发生对于法国战术的兴趣，才知道兵法（包括战术与战略）有种种的不同，才知道一国要有一国固有的兵法，不可盲从，不可硬造。德法两国战术的不同，如今不能细谈。举个比方德国是外家拳，法国是内家拳，我后来读了曾国藩的《得胜歌》，深深地感觉到湘军的战术有些法国风味。至于国民革命军战术的成功，令人完全回想到拿破仑的散兵纵队互用战术。

后来又详细研究孙子，又感到中国兵法实兼有德法之长，颇发野心,欲会而通之,以建立我中国固有之兵法。但是两种风度还是绝然不同,如何能够会通?还是困难。

最近到德国又看见德国的新战术,才觉得会通是可能。说也奇怪,如今德国人采用了法国战术,法国人却有些德国风味。

现在德国军人开口闭口总是说"重点",一个连长的口头命令,也要指明白重点在哪里,又有所谓步步为营法,不仅是前进攻击,而且背进退却也是一步一步。这多是从前没有的。而塞克脱将军,所主张空军和地上部队(即陆海军)同时地攻击,实在是法国当年支队战术的变相。所谓支队战术者,是诸兵联合的一部队,突进于主力之前,一方破坏敌人的交通及前进,一方掩护自己主力的集中和运动之秘密(这是弱国对强国唯一取胜条件)。而法国军事专家,近来也承认包翼运动(以前是中央突破)之可以得最大效果(唯优势才能包翼)。

所以我现在得到了一个综合原则。

(1)兵法的确定是必要的(确定是预备将来)。

(2)兵法的固定是不可的(固定是固守旧习),而"不为"与"迟疑"是兵法之大戒。

上文为介绍,下面开始是贝当将军写的序。

杜黑将军的著作,在十年中扰动了意大利军界,对于这个新战理的辩论,成了一个很可珍贵的教训。但他只有几个回声侵入法国,所以在法国对于此问题,不过有片段的研究,整个的原理尚没有认识。

原理的根本和论战的结果,由伏几安上校很明了地发表了,他将新的研究和反省的资料,供给于拟问未来战争状态为如何的大众。

杜黑的推论，虽然采取革命态度——将已经公认之原则，加以重新估值——但他的理论根据，仍旧是很切合于传统的。结论或者歧异，他的出发点和方法是正确的。

他说"总是武器的威力决定了战争的方式"，所以一种完全新式的武器——飞机——的出现，将几千年以来的战争概念推翻了。

他理论的根本动向是在寻找战争的最大效率，这个效率要向最高阶段上去寻，就是要向国家整个的武力上求得其效率之极限。[1]

关于陆海空军专门的特殊的情形，在理论中排除了，对于某种武力问题，一定要等整个问题解决了方才讨论。

整个原理先将各种武力的任务规定，从这里再决定它们的组织。

空军可以使用于各种范围即帮助各种战斗分子——陆、海、防空——以外，它又能在敌国领土上独立作战，发生直接的作战效果，所以空军应组成总预备队，使适合于各种活动。

战争的任务有二种：

（一）守御的任务，其目的在破坏敌人之胜利。[2]

（二）攻击的任务，其目的在自己求得胜利。

守御有了充分的工具，则其余整个的武力可以运用于决胜的

---

[1] 所谓经济效率，如意国海不如英，陆不如法，国家财力，即求一种胜于人，亦不可得，于是专力空军，而以陆海副之，卒收东菲（即东非。——编者注）发展之效。

[2] 读者千万注意这句话，在一条线上等敌人来攻击，这不是"守"，这是等死。德国人从前专守一条线，是战术上的大过失，所以现在讲步步为营法。（苦口婆心，不厌其烦，奈痴儿不听何）

攻击。其原则在"集中全力于决胜点"。杜黑选择了空中攻击方法，因为飞机是绝对的攻击工具，无法用于防御的，在这基础上建设了他的理论，所以各种武力的价值不能不重新估定。

最高司令部要完全改组。国家武力分为四种——陆军，海军，空军，防空军，都应当放在一个司令之下，由他来负它们的分配之责。

各方面军的指挥部，受命于最高总司令部，依它们的任务，适当地取得所要的工具。照这样才能使作战向唯一的目的进行。各军的任务，何者应攻，何者应守，应以国家整个形势上着想，而统一于一个最后目的之下。

向来各自独立作战的陆、海、空军的联合行动，是取消了，现在不是"联合"，是"统一"了。力量不分散，都指向同一目的，它们可以发挥最大效能。

杜黑所采配合方法是将陆军和海军定为防御的，而以攻击任务专责之空军。这是所谓"武力的经济使用"原则之直接应用和扩大。空军攻击的目标至为远大，它致力于减弱敌人的战争潜能，不仅攻击武力本身，且攻击武力的根本，它的目标是在敌人的土地上。对于敌人的空军，空军远征队自己具备有组织的火力可以自卫。

全部组织的目的在使四种武力适宜于完成它们的使命。

这便是杜黑原理的结论，看起来是革命的，或至少有点邪气。

是否需要将一切先期决定？能否在需要之际再行决断？换一句话说，战争是否需要有原理？

拿破仑说："每一动作应该依据一个方式，侥幸是不能成功的。"等候，退到需要时再取决断，是永远跟着敌人跑，制于人而不能制人。况且对于武力组织的各种论断，（军制）当然须根据于各种武力使用的整个概念（作战）。所谓"维持现状"就是等于没有理论，等于军人所犯忌的"不为"与"迟疑"。

一个战争原理的成立有没有危险？战争同时是科学，也是艺术，它的性质是须经试验的，但是在和平时代，试验是不可能的。我们会不会走到错路上去？因开战时几次接触而将原有理论推翻，是不是比原来没有原理更危险？原始错误的危险是真实的，然而不该因怕走错路而引起反对原理的思想。我们应该审慎周详再定原理，以减少危险性。

一个战理的目的是规定各种武力运用的通则，从此寻出最好的武力组织。使用和组织之原则，是用最少限度的牺牲得到最大胜利。因为敌人也是在寻求有利于他的同样目的，所以应将追求的目的——胜利——分成二个目的。

（一）破坏敌人的胜利（先为不可胜）。

（二）自己得到胜利（以待敌之可胜）。

或者说：先抵抗，后克服。

第一目的是反抗敌人的企图而保障国土和战争潜能。有了上述保障时方才可以进行第二目的。倘使不顾保障即寻求胜利，这是孤注一掷。

在任何情形下先要有充分的保障（即先为不可胜），对于这个问题是毫无疑义的，保障在原理上绝无错误，唯一的问题是不要对于保障的效能计算错误（如筑一要塞，自以为可以支持半年，结果却被敌人一个月攻破了），地上和海上的防御武器，在大战中已有改进，战后更加进步。

原理的错误，或许在第二目的，即在对于攻击方法的选择，但是这错误自有限度，即使错误，因为保障方面是充分的，将来也不发生妨害。

今日的战争不但将职业军队运用，并且需要有全部资力和有自信力的民族参加。一个能决胜的攻击，不但以破坏武力为目的，并要以破坏敌人后方民族中心为目的。要用地面的武力达到这个目的，一定先要击破敌人的抵抗武力。飞机则相反，可以超越一切障碍，任意攻击地面武力或对方空军，并且打击整个敌国，它的资源，它的自信力。所以空军是良好的攻击武力。它的优越的性质是由于本身和空间发生的。空间苍茫，不易捉摸，它在地面、海面之上，不能为地面、海面所阻隔。

所以人们总是依据武器技术上的功能，而决定战争的动作。

在别一方面须注意的，是可使用的武力，总是有限的，所以战理上应当决定攻击动作的方式，及其活动范围。因为到处取攻势是不可能的。

旧原则"以强攻弱"，仍是有价值的，它更是适合于空中战斗。旧原则"集主力于决胜点"的意义还要扩大，它推衍到将各种可用的武力来取攻势。尽防御任务的，只限于安全上必不可缺的一部。

若有一个合理的最高组织，可以避免资源的耗费和能力的分散。使用和组织的效能应该在最高阶段觅取。正是在这个阶段上需要军政和军令组织，所以应有统一的军政部和整个武力的总司令部。

杜黑曾经深刻地研究过这许多问题，他很正确地将这许多问题安排好。有几个问题，他尽了巨大的贡献。他确是第一个人，能将许多军事问题清楚明白地在合理方式上成立了。

问题的答案未必有绝对普遍性,他是为意大利求答案的。所以不可将它们全部移用于别国。我们不应放弃对某一情况的研究,杜黑也说过:"应该用自由的头脑来解决问题。"

但是原理的整个研究表示了它有许多普遍的性质。不要在某一方面任性攻击,除非自己已有普遍的充分保障。先解决整个问题,再研究各种武力的特殊问题。在整个武力的最高阶段上组织统一的军政和军令部。这都是普遍的真理,此外尚有若干条。所以杜黑原理的研究,政治家和军人应该同样注意。军事智识之活动在大战后是很可观的。新的理论在各处发生。英国的富来鼓吹机械化,德国的塞克特成立新理论,使空中攻击和职业陆军的攻击同时施行。

杜黑预定地面防守以便空中攻击。在战后许多理论家中只有他成立一整个制度,在全局上有很坚固的组织并且在局部方面有详细的研究,只有他成立一个精确的原则,以决定各种武力之比例。

杜黑的研究是值得深思熟考的,他是新思想的无穷泉源。他所建的可惊的原理一定可以影响明日的局势。在出发点和方法上是完全正统的,在结论上则为反叛的。不要轻忽地将他看作乌托主义者或梦呓家,或许在将来将他看成为一个先知先觉者呢。

第四章　张译鲁登道夫《全民族战争论》序

著书难，译书难，可是读书也不易。序文的价值，就在使读书的人得到一种读的方法。因为凡著一本书对于环境的情感和时代的趋势，不是著者自身所能说明，若果读者单看书里的理论和事实，是不容易了解，而且容易发生误会。

算来已经有二十八年了，我在德国军队中同伯卢麦将军的侄子在一起，从演习地回家，两人骑在马上谈天说地，我忽然问他："你看我将来在军事上，可以做什么官？"他对我笑着说："我有一个位置给你，就是军事内阁长（即本书中所谓德皇帝之军事秘书长）。"我说："我难道不配做参谋总长？"他说："不是这么说的，我们德国参谋部要选择一个有性癖的，或有点疯子气的人做参谋总长。"我说："那可怪了，不过陆军部长呢？"他说："参谋部长是公的，陆军部长是母的，我们青年军人不想当陆军部长，因为他是陆军的母亲，要有点女性的人才干得好，鞋子也要管，帽子也要管，吃的、穿的、住的，又要省钱，又要好看，又要实用，所以俄国用擅长军事行政的苦落伯脱金（Kuropotkin）去当总司令，牝鸡司晨，结果失败了。但是专制皇帝多喜欢用这种女性呵！（当时日俄战事，德国军人资为谈助，而对于德皇之用小毛奇有些不平）参谋总长的性质同陆军部长不同，不要他注意周到，要他在作战上看出一个最大要点，而用强硬的性格，不顾一切地把住它。因为要不顾一切，所以一方面看来是英雄，一方面看来是疯子。军事内阁长是专管人事，要是由性癖的人去干，一定会结党会不公平，要是由女性的人去干，就只会看见人家的坏处，这样不好，那样不好，闹得大家不高兴。我是恭维你人格圆满，不是说你没有本领呵！"

"把住要点不顾一切"，可以解释大战时破坏比利时中立的作战计划。细针密缕，各方敷衍，可以解释自马纳河战役后[1]至凡尔敦[2]攻击为止之弗尔根海（他是由陆军部长转到参谋总长的）[3]的一段不彻底作战经过。所以我那位德国伙伴的话确实有他的真理。

鲁氏[4]是参谋部出身的一个参谋总长材料，他是有性癖的，所以当时很受各派的攻击，后来在希特勒政治活动中又失败了。他的"全体性战争"就说一切都以战争为本，翻转来说，正是他"把住要点不顾一切"性格的反映。德国战争失败的原因，人家都说军人太偏了。在鲁氏说，正是因为偏得不彻底。如果偏得彻底，则不是偏的是正的了。所以我们读这本书，不可批评他偏，而要领取他偏得彻底的意义。

书中有几点是因为人家攻击他，他自己辩护，所以有些过火。如同克劳寿维兹氏[5]下战争的定义，谓"战争是政略的延

---

〔1〕即马恩河战役。——编者注
〔2〕即凡尔登。——编者注
〔3〕即法金汉。——编者注
〔4〕即鲁登道夫，下同。——编者注
〔5〕即克劳塞维茨，下同。——编者注

长"，政客们就用此语说军人应该听政治家的话，且举俾斯麦以为政治家统御军人成功之证。鲁氏却说"政治应包含于军事之中"。其实政治与军事之不应分立，是千古不变的原理，而是否政治家应该指挥军人，抑或军人应该执掌政治，是要看当时政治家与军人本领如何而后定。战争是艺术，真正的名将是一种艺术家，他的特性是"独到"，是"偏"。所以需要一种艺术家的保护者，如威廉之于毛奇，克里孟梭之于福煦，是一种形式；菲列德之为传统皇帝，拿破仑之为革命首领，又是一种形式。鲁氏因他人借克氏[1]之说以攻击他，他却说克氏的理论已成过去，这是矫枉过正；谁都知道克氏学说是百年以前的。他又批评史莱芬[2]的计划不适用，也是犯这个毛病。

鲁氏又有说不出的苦衷，就是对于威廉二世，他不好意思批评皇帝，其实政治与军事之不调和，及平时扩军计划（鲁氏的）、战时作战计划（史莱芬的）所以不能实行之故，都是这位平时大言不惭，战时一筹莫展的皇帝的责任。不好意思说东家，所以把店伙一个一个地骂。读者应当观过知仁，不要责他蛮横，要原谅他的忠厚。

以上所谈不过书中末节，还不能说到本书根本精神。这本书的根本好处，在对于未来的战争性质，有明切的了解，对于已往的失败原因，有深刻的经验。它的好处，我可以综括地给它一句话，叫"民族的第二反省"。

当一个民族吃了大亏之后，天然地会发生一种重新估计运动。但是革新运动的人物，大都在当时失败过程中不曾负过相当

---

[1] 即克劳塞维茨，下同。——编者注
[2] 即施里芬。——编者注

责任。群众本来是情感的，所以这时候只知道清算过去，因为破坏一切的理论很容易成立，却不能指导未来；因为改造社会的实际不是靠理论，而是靠行动。民族第一次反省的过程，总是这样，所以真正的成功，必在第二反省时代。这个时期总在二十年左右，所以法国七十年[1]大败之后，它的真正国防力是到八十八年[2]才成立的。大战后的德国第一反省，是社会民主党时代，所以到现在才有这第二反省的呼声。普鲁士军官，从小锻炼身体，寿命很长，所以在第二反省时代，还有得到当年身负重责的老人，本其实际经验，发为革新运动之指导。这在德国民族看来，真是鸿宝。

未来战争到底是怎样呢！如果我举德、俄、日、意等国的议论来证明，人家又要说"军人蛮横"，迷信独裁，再不然又做了人民战线的敌人，破坏和平，罪该万死。

我如今一字不易，将世界上号为第一等爱好和平的国家美国人说的话，来证明一下，布罗肯比尔中校说："如果用毒气来杀人还不够刻毒，化学战不以杀人为目的，而以减少敌人抵抗力，增加敌人后方负担为最高原则。美国化学战部队所用的药剂虽有多种，主要者为糜烂毒液。该毒液有些茴香香味，色暗红，不易挥发，较气体易于保存，便于运输。地上动物着此液后，即能传染。中此毒者，若立刻进入病院，疗治得法，数月后可以痊愈。盖此毒液之效能，不在致敌人于立死，乃驱敌人入医院，既不能战斗以为吾害，又不能工作以助国家，反加重其后方负担。且此人若不急进医院，则其衣履身体所到之处，皆有散布此毒汁之

---

〔1〕指1870年。——编者注

〔2〕指1888年。——编者注

可能，吾人飞机、炮弹所不到之处，敌人可代为散布毒液。据现在所知，欧洲各国所制的防毒面具，对此毒液毫无用处，因此毒非借呼吸而发也。此种防御服装，美国业已制成，惟全身不通空气，故不能久用，且为价甚昂；且此毒液之野存性，在最干燥之天气中，尚可达六时以上，若天气潮湿可达数日。其比重较水量为重，故可用飞机由空中洒射，绝无因风向关系，而害及使用者之危险性。且其挥发性极低，比重较大，化学成分极稳定，故用普通解毒法毫无效力。"云云，这是以威尔逊十四条和平主义国家的办法，不杀人比杀人还要凶些。所以未来的战争不是"军队打仗"而是"国民拼命"；不是一定短时间内的彼此冲突，而是长时间永久的彼此竞走。

就既往的亲身经验而说，则此书第四章一字一珠最为精粹，这是花了无数的金钱与生命，所换来的将来军事教育方针。如同世人谈到军纪，总以为就指兵卒能机械服从而言，其实德人军纪，立于（一）自发的精神力——信仰与觉悟，——（二）自动的行为力——技术的习惯与体力之支持[1]——绝不是区区集团教练所能养成，而有待乎最高深的精神指导。军纪所要求于兵卒者，在性格强硬，并不是柔软地服从。达尔文说得好，军纪者，在上下之信任，不是服从就算的。

我希望读这本书的朋友们，切实地一想，世界的火，已经烧起来了——逃是逃不了的——不过三四年罢。

---

〔1〕技术的习惯就是中国所说的艺高则胆大之意。

第三篇

从历史上解释国防经济学之基本原则

第一章　从中国历史上解释

国家士气消沉到如此地位，要不指出真正一条路线，一件法宝，谁还能取得一种自信力，唯心耶？东方文化耶？禅家的心性，宋儒的理气，移植于东邻，以养成所谓武士道，而出产地之中国则无役不失败。唯物耶？西方文化耶？瓦德[1]之机器，爱迪生之电气，在他人以之殖国富，扬国威，以建设所谓资本主义，五十年前之日本亦一半殖民地耳，而较日本输入西洋文化更早之中国，则农村宣告破产，工厂要求救济。人之无良，百药罔效耶？果尔则华族一名词，早应消灭于数百年以前，而何以时至今日，犹有此一大群众生息于大陆？我们且检讨过去，找出华族的真实本领是什么。

我于民族之兴衰，自世界有史以来以迄今日，发现一根本原则，曰"生活条件与战斗条件一致则强，相离则弱，相反则亡"。生活与战斗本是一件东西从两方面看，但依经济及战斗的状态之演进，时时有分离之趋势。希腊罗马虽在欧洲取得文化先进美名，但今日继承希腊、罗马文化的却并不是当年的希腊人、罗马人，具有伟大的文化而卒至衰亡的总原因，就是生活工具与

---

〔1〕即瓦特，下同。——编者注

战斗工具的不一致。

生活条件与战斗条件之一致，有因天然的工具而不自觉的成功者，有史以来只有二种，一为蒙古人的马；一为欧洲人的船。因觅水草就利用马，因为营商业就运用船，马与船就是吃饭家伙，同时可就是打仗的家伙，因此就两度征服世界。有费尽心血用人为制度而成功者，也有两种，一为欧战时才发明，十年来才实行，西人的国家动员；一为中国三千年前已经实施的井田封建，它的真精神就是生活条件与战斗条件之一致。

封建不是部落割据（近人指割据部落思想为封建思想者，系用名词的误谬），是打破部落割据的一种工具，封就是殖民，建就是生活（经济）战斗（国防）一致的建设，井田不是讲均产（在当时也不是一件奇事），是一种又可种田吃饭又可出兵打仗（在当时就是全国总动员）的国防制度。懂得这个道理的创制者是周公——继承者是管仲（《左传》，"齐之封内，尽东其亩"，就可证明田制与军制国防之关系）——最后成功的是商鞅，井田制到商鞅已是八百多年，一定是同现在的鱼鳞册一样，所以开阡陌正是恢复井田。这是我发现出来的华族的真本领，诸公若能系统地叙述出来，使青年感觉到我华族固有的本领之伟大，从前可以统一亚洲大陆，将来何尝不可以统一世界，或许于现代消沉的士气有点补救？

但是要实行此种一出两便的制度，必须有一个先决条件，就是要实际与理论绝对地一致之人才，《左传》到现在还是世界上最好的一部模范战史，它叙述城濮之战时说，晋文公作三军，谋元帅。曰郤縠可，说礼乐而敦诗书。像现在的想象，礼乐诗书到底是不是做元帅的唯一条件？其实当时的一群贵族，没有一个没有部属的,也没有一个不会打仗的,从这许多武士中间,寻出一位说礼乐敦诗书的人来当元帅,这自然是正当。因为那时贵族的教育,是礼、乐、射、御、书、数,件件都是人生实用的东西。

陶希圣先生在游侠研究里,指出了两种不同的团体,我见了欢喜得了不得,这是历史上的大发明。

而我以为就是这一点是三千年来民族衰败的致命伤,项羽的士族团体既失败,而韩信死,张良逃,萧何辱,自此以后活动分子与智识分子不绝地暗斗(莽操之篡与历代的文字狱),智识分子之内又每形成两派自相残杀(历代的党争),一民族中的最重要的细胞,始终在暗斗的状态下,因此养成了智识阶级的两件不可救药的痼疾,一就是不负责任(读书人的最高理想是宰相不是皇帝),二就是不切事实(自礼、乐、射、御、书、数的六艺而改为《诗》《书》《礼》《乐》《易象》《春秋》的六本书,是一大关键)。譬如酿酒,酵素坏了,譬如爆药,电管湿了,举天下之良法美意无上妙品,一一须经过这一道腐败幽门,而后能入于中国社会,百药罔效之总因,岂非在此?

历史上也曾发现几次沉痛的呼声,如清初顾亭林之提倡朴学,就是对于不切事实的反抗,但这种运动因为活动分子与智识分子暗斗之结果,事实派的颜元、李刚主终归失败,而一变成为考据,考据派的精神果然是科学的,但实际上还是几句死话。太平天国时代,胡文忠的包揽把持,曾文正的《挺经》第一章,就是对于不负责任的反抗,但仅仅能做到一部分的成功,而从暗斗出身之李鸿章,仍为这不负责任不切事实的大潮流所打倒,以演成今日刻骨伤心的外交局面。

活动分子即主权阶级的性格,就是根本与智识分子相反,他的长处：（1）是肯负责任，但是容易流为武断；（2）能切事实，但是容易流为投机。武断则不能集众人之长，投机则不能定久长之计，这两件事于近代式国家发展是不相宜的。

智识分子道德上也有他的特长：（1）他能自持廉洁；（2）能爱护后进。惟其自持廉洁，对于物质的欲望较淡，精神上有自己娱乐之处，所以当君国危难的时候，牺牲区区生命，不算一回事。历代殉国诸人的真精神，我以为根据于此而来的。惟其爱护后进，故传授学徒，著书立说，使几千年的历史有继续不断的成绩。王夫之、顾亭林于国亡家破之后，犹拼命著书，所谓"百世以俟圣人而不惑"，养成了华族悠长的气概。

汉高祖自己说，"我所以得天下之故，有三不如"，这是三千年历史上成败之标准，就是主权阶级（即活动分子）与智识分子合作，则其事业成，不合作则其事业败。所以中国治世时代，必以圣君贤相并称，乃至做坏事也必须土豪劣绅互相勾结。这中间出身于智识阶级，而肯负责任能切事实的人，只有诸葛亮、王安石、张江陵（张居正）、曾国藩诸人，在三千年中占极少数。

秦汉以后，政权武力智识分裂了（从前集中于贵族阶级），所以政治上有不断的竞争，而华族就渐趋于衰弱，但是我华族在这种压迫之下（竭力奋斗继续了三千年），还做一件惊人的大事，就是对于物的工作。就其奋斗的精神言，似乎蒸汽机关的发明，未必算这么一回大事，从造纸、印刷、陶瓷、漆、建筑、雕刻，乃至水车、机织，件件有独到的发明，不过为智识阶级所瞧不起，故不能有文字的记载，而学术的积聚性不能发扬罢了。

近五十年来，社会受环境之影响，发生了大变化，但其政治的演进可以分作几步说,第一步是智识与武力的合作(一、智识分子投身为军人,二、军人入学取得智识,三、社会中智识分子与活动分子的合作)。这中间的聚散成败,有事实的证明,不必详述;第二步,当然是政权、武力、智识的一致,但应当切实注意者,就是智识分子还是不能切实地统制物质,所以民族的生活上根本发生了问题,而其所以不能统制物质的原因,也仍是因不负责任不切事实的两大弱点而来。

从顾颜的朴学精神,曾胡的负责态度,或许可以在酵素电管中,加入一点新生命罢。但是新式的社会,更有一样要素名曰"组织"的,这组织两字的意义,就是说一件事,不是一个人、一个机关负责任,而是各最小单位(个人)各负各的特别责任,而运用上得到一种互助的成功。这就是新经济的要点,也就是国防的元素。我们还有一句俗话"行行生意出状元",这是中产阶级的反抗呼声,也就是将来物质建设的基础。我们现在可以说有强兵而国不富者矣,未有富国而兵不强者也。

说一句牢骚的话,商店的学生、工匠的艺徒,要是夜间能读上一点钟的书(就是在实际的事物中过生活的人而能攫取知识),恐怕倒可以负起复兴民族的责任,而每天坐汽车、包车,在中大学上六时以上的功课的,恐怕将来只能做学理上的教授罢了。

第二章　从欧洲历史上解释

　　近时许多人喜用"东方文化""西方文化"等名词，我根本有些怀疑。"文化"二字上面，是不是应当加上一个笼统的方向形容词？印度文化在汉唐时代根本是西方的，现在用什么理由把它归入东方范围以内？而在欧洲看来，希腊的文化才是东方文化呢！新渡户博士说："土耳其强盛了才把东西隔断，从前根本没有这一回事。"这话是对的，但是各时代各区域的生活基调有许多不同却是事实。我说，这个生活基调，才是文化的根本。

　　"有无相通，供求相应"，这是商业精神，即商业生活的一种基调；"自给自足，无求于人"，这是农业精神，即农业生活的一种基调。这两种生活基调根本不同，所以影响到思想、制度、习惯（总言之为文化），处处成一对立的状态，但是实际生活上农人免不了交易，商人也得注意原料，所以农商之间既有调和，又有冲突，结果更有演变。我用这一个基本观念来看欧洲的历史，自觉另有一种色彩；并且用此来解释现在所谓"全般欧化""中国本位"的论争也觉得比较妥当。如今且将农业、商业两种生活的不同方面来对照一下：

	商业文化之基调	农业文化之基调
地理	海（交通）	陆（区划）
道德	独立自由——个人主义 日本福泽谕吉以独立自尊主义养成现代财阀，此义完全是从英美来的	忠孝（爱）——家族主义 世界各国之武士贵族团体皆然
国家	国家发源于市府	国之本在家
社会	契约 所谓宪法民约，一切皆有契约性，视契约为神圣	感情与信仰 影响到商人熟识的就一言为定，不用文字契约，故欧洲人引以为奇
经济 （一）观念	重"余"，余即利，即商业存在的本体对数字养成一严肃习惯	重在生产之本体，对剩余不甚注意，故养成笼统习惯，结账抹零
经济 （二）运用	以生命在交通，故重周转，确立信用制度，资本能集中	生产易，运输难，故只能各地贮蓄不能流转，故不能集中，社仓成功，青苗失败之原因在此
科学	能利用前期科学，即蒸汽机关之类（物理的），轻工业属之	能利用后期科学，即土地、肥料之改良，及煤制汽油之类（化学的），重工业属之
影响及国防 军事与国防	取攻势以开辟世界，觅商场，求原料	取守势而效死勿去，守坟墓，保家室

注：根据原文整理。

大家都知道海岸线的绵长，是希腊文明一个决定的因素。海岸有何用处？又知道罗马是一个半岛，何以半岛能发展文明？这就是海，就是交通，就是便于运输货物的水的交通。所以希腊人当他进化到了农业生活，他的生产品立刻可以向外推销，而国外许多新鲜事物，时时来刺激他的生活，伟大的希腊文明就从此产生了。可是即使就希腊本身论，已有雅典、斯巴达之分，雅典重商重海，斯巴达重农重陆。罗马大帝国继承希腊文明，在农商的调和上比希腊进一步：它靠海的财源文化来发达陆上，所以船果然发达，车亦有进步；它的驰道从欧洲大陆筑起，一直通到君士坦丁海岸形胜的地方。

如果说文明一定有征服野蛮的力量，那么希罗的文明就不应中断；如果有了文明还是要中断，那么要文明干嘛？咳，话不是这样说的，文明是好的，但是要顾虑文明本身自己出毛病！

商业文化靠的是交通工具，希腊时代的工具只有帆船，只有马车，它的能耐只限于地中海一带，它的市场有一定的限制，经不起几百年的有无相通，通到了没有再通的余地，它的文化自然地是停滞了、衰颓了，已经有钱的人安于逸乐，没有钱的人无法发展，日耳曼的蛮族起来了。

近代的人称中古时代为黑暗时代，这真是商人的瞎说。中古时代有很高尚的文化，不过是农业的罢了。德国人现在很了解此意，所以将拿能堡[1]做了国社党[2]集会的中心。这件事，教授们切不可小看它，它得了现在新文明的曙光了。

农业文化讲区划，所以有封建制度，重家庭所以讲爱，靠天所以信宗教，讲气节所以有武士道（纯粹的商人只是要钱，所以犹太人为人排斥），讲公道所以有基尔特的组织，不过说它黑暗可也有一个理由：就是知（智识）与行（实行）分离了，智识给教士包办了，中古教会也用了不少的愚民政策。就实际生活言，在当时打仗同种田，实在不需要识字念书，自给自足，

---

[1] 即纽伦堡。——编者注
[2] 即德国国家社会主义工人党，下同。——编者注

老死不相往来。不比商人,他需要交通,需要文字,时时看见新鲜东西要用脑筋,我敢断定中古时代的武士同农民根本不识字(拉丁文)。

封建时代,商业退化了,休养了几百年,重新再起,起因就在于宗教政治运动时的十字军东征。十字军到处设兵站,要运转货物,商人抬头了,各地的所谓自由市出来了,东方希腊的东西又为人所注意,于是新文明又发动了,即所谓文艺复兴,从农业文化又一转到商业文化。

无巧不成话。这时候一个哥伦布发现了美洲,替商人找到一个新市场,替欧洲人找到了一个发洋财的机会。接二连三地,印度及亚洲其他新市场陆续发现。而在航海术进展了三百年之后,才有一个瓦德发明了蒸汽机关,欧洲人真是笨。

蒸汽机关中古时代未必没有人想到,可是农人根本用不着,也没有能力集中资本来建设运用,天造地设地让商人来改革他的交通工具,现在算来不到一百五十年就让欧洲商人把世界占尽了。

五百年来的商业,可以说发展得如火如荼,所以市府的势力一天一天地扩大了,渐渐成了近代式的国家。契约性质的宪法,个人主义的自由,做了新国家的两条柱础,而科学发达竟是如虎添翼地替商人确定了万世一系的主权。因为这种文化时间太长久了,范围太扩大了,许多学者多以它作为天经地义,而中古时代的老朽,当然给人家看不起。

不过仔细考察,这种商业文化的发达,还有许多仰仗中古时代的遗传,如同艳称英国政治的,所谓绅士风,所谓运动精神(Sportsmanship)。我此次到美国,在黄金锁子甲中,还把着它一点清教徒的脉搏,大战时代,英国学生的勇敢,令人回想到当年的骑士的风度。日本也有所谓士魂商才。

海国文化的王冕，从希腊、罗马，经过荷兰、西班牙而传袭到英国，当然是自然趋势，但是到世界市场没有开辟余地的时候，这个王冕就发生问题了。

第一个发野心的就是以农业起家的日耳曼种的德国，它凭它四十年的努力，从一个农业国脱胎地变成工业国，以五千万人口而无限制地大量生产，除向外发展外当然是别无办法，因此就发生了欧洲大战，上帝给它一个"忘本"的训诫，没得吃了，机器真造不出面包来，饿了！败了！可是商业文化到此就形成了一个划期的段落。

最早产生自由理论的英国，经过渥太华会议把自由贸易取消了，世界这里一群那里一堆，形成了经济集团（从交通变而为区划了）。战时既然可以海上封锁，那平时就得自给自足，世界公认流通的金子，一律装入仓库，代之以各国的信用券。最奇怪的，现代第一流摩登的国际贸易，倒车开到三千年前农业初成功时代的物物交换！

所以法西斯也罢，国社党也罢，苏维埃更逃不了所谓五年计划、四年计划，都是一种农业文化的新表现，这不是一定说农业文化的优越，可是商业文化的破产是决定的了。英国人听见法西斯、国社党、苏维埃都有些头痛，其实许多事件，还是它自身先进国开辟出来的。消费合作社在英国最先创办，成绩也最好，这不是废商的先声？基尔特明明是中古时代手工组织的遗产，英国就首创所谓基尔特社会主义，这就可见我所谓"演变"。大陆的农业统制精神，乃孕育于商业自由的海国，这是因为商业顶发达的国家，感受痛苦亦最大，因为商业扩充同当年地中海文明一样，受了天然的限制！

这中间科学的进步也是一大原因，如果许多天惠不厚的国家，根本上不能自给自足，那么这国际贸易还可以相当维持，但是现在化学工业进步，汽油也会人造，橡皮也会人造，于是工业家就同农民合作，而商业走上了自杀的一途。

这种新农业文化的趋势，影响到制度上有两种需要：

（一）专制的政治，即首领制。如今日美国罗斯福，且权力加增。

（二）民主的经济，即协作制，以职业代表成协作会议。

今日世界都处于准战争状态之下，犹欲举大战前的民主政治议会制度以为鼓吹文明之具，真可为不知时务，所以政治上之必用首领制殆无疑义。但是统制经济名义虽则是国营，实际则是劳资合作。生产与分配均趋合理化，实含有至大之民主精神，故俄之合作社，意之"行业合作国民会议"都建立在这个精神上。今日首领制之根本不同于古代帝皇专制者，其原因全在于此。这种经济的议会制度、政治的专制办法，实为国民总动员的根据，也就是国防经济学上基本原则之实现。

第四篇

二十年前之国防论

第一章　政略与战略（敌与兵）论战志之确定

无兵而求战，是为至危，不求战而治兵，其祸尤为不可收拾也。练兵将以求战也，故先求敌而后练兵者，其兵强，先练兵而后求敌者，其兵弱，征之以中外古今之事，而可信者焉。

日本，今之所谓强国也，明治七八年，兵不满万，而处心积虑，以中国为敌，二十年而后济，甲午之后，兵不满十万，而卧薪尝胆，以俄罗斯为敌，十年而后济，以明治七八年之情况而言征朝鲜，以二十七年之情况而言拒俄，不几其梦呓乎，而梦呓则居然成事实矣。

普鲁士，今之所谓强国也，千八百〇六年[1]，全军瓦解，以养兵不许过四万二千之条件，屈服于拿翁[2]，仅延余喘，幸也定报法之志，六年而小成（滑铁卢之役），六十年而大成（普法之役）。

法，亦今之所谓强国也，革命之际，与全欧为敌，而拿翁于纷乱之余，乃以之摧奥残普。普法战争以后，赔款割地，而复仇二字，幸以维持其军队，至于今日，志虽未逞也，而成效则已昭

---

[1] 即1806年。——编者注

[2] 即拿破仑，下同。——编者注

著矣。

淮军之兴也，以三千人密闭于舟中，越千里而成军于沪上，当是时，上下游皆敌也，湘军之起亦有然，而洪杨之敌，乃不在百年来政府教养之制兵，而在二三读文章讲理学之书生也。

等而推之，迄于古昔，则凡治兵于四面楚歌之地，欲突起以成功者，其事较难，而成功者独多；制兵于天下升平之日，欲维持于不敝者，其事较易，而成功者乃绝无也，盖惟忧勤惕厉之诚积于中，斯蹈厉发扬之致极于外，故曰"无敌国外患者国恒亡"，呜呼，可以观矣。

然则敌犹是也，而兵不振者，则何以故，曰兵者，以战为本，战者以政为本，而志则又政之本也。

国于世界，必有所以自存之道，是曰国本。国本者，根诸民族历史地理之特性而成，本是国本，而应之于内外周围之形势，以策其自存者，是曰国是。国是者，政略之所从出也。战争者，政略冲突之结果也。军队者，战争之具，所用以实行其政略者也，所用以贯彻其国是者也，所用以维持其国之生存者也，故政略定而战略生焉，战略定而军队生焉，军者国之华，而未有不培养其根本，而能华能实者也。

战争为政略冲突之结果，是为近世战之特性，日俄之战，俄罗斯之远东政略，与日本相冲突也；今日之欧战，德国之世界政略，与英俄相冲突也，庸讵不可以交让乎？借曰政略可以交让也，国是而可以交让乎？国本而可以交让乎？不可以让，则彼此各以威力相迫，各欲屈其敌之志以从我。近世兵学家下战争之定义曰：战争者，政略之威力作用，欲屈敌之志，以从我者也，夫曰屈其志，乃知古人攻心之说，真为不我欺也。

政略之相持，非一朝夕之故也，其端绪，可先时而预测，故其准备，可先事而预筹，夫而后可以练兵焉。英之为国，环海而重商，制海权其生存之源也，故其治海军也，以二国之海军力为标准；德之为国，当四战之地，左右邻皆强，无险可恃，则恃以人，故其治陆军也，以东西同时受敌为标准。政者，战之源，敌者，兵之母也。故治兵云者，以必战之志，而策必胜之道者也。

所谓立必战之志者，道在不自馁，夫强弱无定衡，英俄德法，今之所谓强国也，望尘而不可及者也，入其国，觇其言行，何其危亡警惕，不自安之甚也。此见强者之未必终强也，五十年前之日本，百年前之德国，败战及革命后之法国，彼惟不以现状自堕其志气，而至今日耳，此言弱者之未必终弱也。惟志不立，万事皆休。夫慑于外患者，退一步即为苟安，故古人必刺之以耻，而觉醒之，故曰"知耻近乎勇"，又曰"明耻教战"，耻者，馁之针，志之砭也。

所谓策必胜之道者，道在不自满，昔普之覆于法，盖为墨守菲列德之遗制，而拿翁三世〔1〕之亡，则在轻视普人之军制。盖兵也者，与敌互为因缘者也，人得其一，我得其二，虽少亦强，人得其十，我得其五，虽多亦弱，故彼此之不耻相师者，正以其彼此互为最后之标准也。夫习于自满者，进一步即为虚骄，故必戒之以惧，而收索之，故曰"临事而惧，好谋而成，惧而谋，谋而成"，所谓策必胜之道也，惧者满之药，而谋之基也。

必战者，至刚之志也，必胜者，至虚之心也，二者相反，而实相成。夫志卑者轻物，志之坚者，求之诚也，见之明者，行之

---

〔1〕即拿破仑三世，下同。——编者注

决也。贤者负国之重，必以至刚之志，济之以至虚之心，而其入手治兵，首在择敌。

择敌奈何，有直接以至强为敌者，擒贼擒王之说是也，至强者即对于吾国本，而为至危者也。有先择一易与者为敌，而间接以达其抗拒至强之目的者，偏败众携之说是也。政令修，财用足，民气强，则用前策，其径捷，其时促，若今之英德法是也；若夫国家当积弱之余，威信未立，则当用后策，昔普欲战法，而先试之于奥，意欲战奥，而先试之于俄。盖凡百困难，随一败以俱来，即随一胜以俱去，贤君而当弱国，则恒能于万难之中，适用其偏败众携之略，以渐进而达其最终之目的，其取径迂回，其用心尤苦也。慎之至，明之至也，虽然，就军言军，是二策者，皆可也，皆足为军事之根本也，惟有二途，则大不可：一则甲可战，乙可战，乃既欲战甲，又欲战乙，是则大不可，备多者，力分也；一则甲可战，乙可战，乃今日欲战甲，明日复欲战乙，则大不可，心不专，力不举也。

故练兵二十年而适以自累者，本不正也，政不举也，志不立也。

第二章　国力与武力与兵力

武力者，国家所用以贯彻其国是之具也。就广义言，武力即国力也；就狭义言，则国力而加以军事的组织锻炼者，是曰武力。

溯国力之源而分之，人，一也；地，二也；物产之生殖力，三也；机械之运动力，四也。是四者，孰纲维是，孰主张是，则有至重至要之政治力（即国家主权的发动也），五也。

所贵乎武力者，谓其有军事的组织锻炼也，而此组织锻炼之原动，实即发生于第五项之政治力，是力者，至高无上，为国家存在之源，即为武力发生之本。

凡测力之大小，必自二方面，一则品质之精粗，一则数量之多寡也，"国力者，人力之集也，国力之要素，以国民之体力、智力、道德力为主。而道德力之左右于武力，则尤大，即节俭而忍苦，果敢坚毅，富于爱国心，而重义务之国民，较之流于安逸，习为骄奢，陷于怯懦者，其数虽有天渊之差，而武力则有过之无不及者。故曰国民之价值，当战争之难，而上下悉显其真，在上者，流于逸乐，则武力之节度缺，在下者，习于固陋，则武力之锋芒钝。"（将官伯卢麦著《战略论》）

次人心而为武力之原质者，则材用是也。材用以求之本国为原则，农业其一也（粮秣），工业其二也（武器），矿业其三也（煤铁），牧畜其四也（马驴），纲维是四者，而为之主者，则国民之经济，国家之财政是也。近世之战，其准备极于一针一线之微，其影响及于一草一木，故德国开战后令公园竹草改植番薯，其困苦，迄于一饮一食而有限制（英德皆然），其反动入于国民之生计者，至深且巨，故经济财政之整理法，亦为武力之最要原质。

此外则地势交通，亦与武力至有关系，区而别之，约有数端。（一）国土之广狭，及人口之稀密，如地大而人疏者利于守，地小而人多者利于攻是也。（二）国境之形状，及国内之地势，如英之海，俄之草原，瑞西[1]之山，皆于战争时显其重要功能。（三）国内之交通线，由此交通而各种材用集合之迟速，军队运动之难易生焉，便者，以一作二而有余，难者，则以十当一而不足也。

要之，武力者国力之用于战争者也，变国力为武力，则有视乎国家政治之机能。国家（非政府）者，有至高无上之权，得自由处分其人民之生命财产者也，而其能力之大小，则一视其组织何如以为定，政体也，制度也，行政也，皆所以为武力之原动者也，土地愈大，人口愈众，则其关系愈密切，欲竭全国之力以备战，则必其元首公明而有定力，其政府勇敢而极锐敏，其各机关又能各竭其能，而互相为用。主宰无定力，则众说扰而能力蹇滞，建制不完密，则机关不足，而布置乖张。国愈大，事愈难，而武力转有因国力之大，而益小者矣。（伯卢麦《战略论》之说）

欧洲诸国自宪制实行以来，国家之组织日备，政治之机能日强，而人民之担负亦日重。现役之兵数，以人口百分之一为准，

---

[1]瑞士。——编者注

每年之军费，以国费三分之一为准。准者，言其极度，不可再逾者也。由是范围，而加以精密之编制法，运用而周转之，则有事之日，皆能倾其全国之力，以从事于战争，可谓极人间之能事矣。然亦有以野心及恐怖心之故，养过大之兵力，而卒至财政穷乏，不能一战者，则又以兵力过大之故，而武力转因之而小者焉。

故武力与兵力不相同。兵力者，武力之主体，而兵力非即武力也。武力者，就其用而言也；兵力者，就其体而言也。欧洲之最强国，不必即为东亚之最强国也。今日军队，纵曰因粮而敌，而必取其用于国，故力之大小，一视后方之交通关系为断，日本之所以胜兵力十倍之俄罗斯者，此义是也。

兵力与兵数，尤不可混。数也者，就人马材料之数量而言，力也者，则数量外，加算以人马教育之程度，材料品质之精粗者也。故必综合无形有形之两原质，而兵力之真义乃见。有形者易知，无形者难求，其在军费定额有一定之范围者，则数量之增，未必即兵力之大也。

凡兵力以其类别之为二。一曰陆军，以陆地战争用之人马材料，而加以军事的组织锻炼者也，军队云者，所以自别于乌合之众，为陆军兵力之具体名称也。一曰海军，以海上战争之军舰、水雷艇、商船之武装者，而加之以军事的组织锻炼者也，舰队云者，海军兵力之具体名称也。陆军负陆战之责，有时补助海战者，如军港之陆上攻守是也；海军负海战之责，而有时补助陆战者，如陆上之准备，及运输之护卫等是也。

近百年来，为一切政治之原动，而国制组织之根本者，则立宪制度是也；为一切军事之原动，而国军组织之根本者，则义务征兵制是也。新国家有是二者也，犹若车之有两轮，鸟之有两翼，而二者之间，尤有至深至密切之关系。自国家言，则立宪制度者，求其个性之发达，故自由者，义取诸分，对内者也；义务兵役者，求其团体之坚固，故强制者，义取诸合，对外者也。自人民言，则既有与闻政治之权利，即当然有保卫国家之义务，是故宪法兄也，征兵令弟也，而双生焉，孕育于法国之革命。自由主义，其先声也，成长于普鲁士之行政改革，民族主义，其中坚也，结果于今日之战争，帝国主义，其尾声也。呜呼，吾人读普国名相斯得因[1]之言，而怦然心动也，斯氏之言曰："凡国家失其膨胀之势力于外者，则当蓄其强固之实力于内。是力也，不在其政府，不在其贵族，而在其全国之人民。欲国民之发达进步也，当予以自由，而使各阶级平等于法律之下。故第一农民，当解放也，惟自由之劳动，始能保国于不敝也，当予以土地所有权，惟独立之地主，乃勇于卫其家，即勇于卫其国也；第二市民，当予以自治权也，市政及市会之发达，德族之所以自豪于中古也，据怀旧之蓄念，历史观念，爱国之源泉也，自治植其础，而官治乃增其力也；第三贵族，当教以惟国家存在，而贵族乃始尊荣，亦惟贵族不自私，而国乃始强盛，特典也，特权也，利之适以害之也。政府有司，不求智识于簿书，劳精神于会计，首当与国民共生活，而研究其真正之情实，而施政方针，当力与当时之实情相应。"

故德国义务兵役之发源，表面由于条约之束缚（拿破仑限制养兵不得过四万二千人），而精神实由于行政之改革也，却隆霍斯得[2]者，征兵制之鼻祖也，当时为陆相，而斯得因则首相也，呜呼，伟人之心力与际会，其于国家也，至矣哉，至矣哉。

---

[1] 即斯坦因，斯氏亦指斯坦因。——编者注

[2] 即前文中的却隆霍斯脱。——编者注

第三章　义务征兵制说明

此次庐山训练奉命说明义务征兵制，故重将此章加印，以备与下篇附录之义务民兵制相参考。

兵在精，不在多，斯言至矣，盖谓兵力之大小，不在其数量，尤其在品质也。虽然使彼此之精度相等，则求胜之道，将何从？数等者求其质之精，质等者求其数之多，自然之势也。

既欲其精，又欲其多，而国家之军费，则又有一定之范围，不可逾，于是义务兵役之制起，是故纯粹自军事上之目的言，则征兵制者，以少数之经费，得多数之军队，而又能不失其精度是已。

所谓费少而兵多者，等是养一兵之费也，更番而训练之，能者归之野，更易时新，以二年为期，则四年而倍，十年而五倍之矣。所谓兵多而犹不失其精度者，自精神言，则用其自卫之心以卫国，其职务既极其崇高，其欢欣亦足以相死；自技术言，则服役时，教之以道，归休时，习之以时，自能于一定时限内，不遗忘而足为战争之用。是故佣兵者，以十年练一人而不足，征兵者，以一费得数兵而有余也。虽然，不可以易言焉，武力之大小，视乎国家之政治机能，盖征诸义务征兵制而益信。征兵法者，关于义务兵役之条例也，其条理之繁密，关系之复杂，事务之烦重,盖非有至勇决之方针,不足以启其端,非有至完密之组织,不足以竟其绪也。在昔德法,在今英伦,皆当国难至深之时,而勉焉而为此。人心之好惰也,民非强迫不肯服兵役,国亦非强迫,不能行征兵也。昔法人首倡征兵,乃一变而为就地制,再变而为代人制,名虽存,实则亡矣,是倡之者固贵乎勇决,而行之者,尤贵有周密完全之计划也。(就地制者一区内限定出若干人之谓,代人制者以金钱雇人自代也)

五十年来各国之敌忾心以互为因缘,日结而日深,而各国之征兵制,亦互相则效,日趋而日近。今姑就其繁重复杂之制度,条举其通则,而列其纲,则有三:一曰法律上之规定,二曰行政上之组织,三曰实行上之事务是也。

征兵制之关于法律者,一为兵役之种类,一为服役之期限也,各国通则如左。

凡国之男子自十七岁,迄四十七岁,皆有服兵役之义务(四十七岁至大限也)。

凡兵役分为常备兵役、后备兵役、补充兵役、国民军役。常备役七年,内以三年为现役,四年为预备役。

现役者自满二十岁者服之,平时征集于军队中,使受正式之教育,其期以三年为准,近世欲军事教育之普及,则步兵有改为二年者,现役既毕,退归预备役,返诸乡,使安其生业,每间一年,于农隙后征集之,使习焉以备战时之召集也。将军哥尔紫[1]曰,组织一国之兵力,以青年男子为限,盖其气力,能置生死于不顾,而好临大事,其体力,能耐劳苦,而服惨酷辛勤之职务。

---

〔1〕即戈尔茨,下同。——编者注

德国军制之常备军，以三十岁为限，盖兵力之中坚，而负战斗之主要任务者也。

后备役十年，以满预备役者充之，战时多用之于后方，日俄之役，第一线之力二十五万，而战斗员之总计，乃及百万。将军哥尔紫复曰，老兵亦有老兵之用，盖铁路、占领地、兵站线之守护，粮秣兵器之护送，土匪之镇压，在在有需于兵力，其任务虽不若第一线之重要，而一战争之成功，亦必相需焉而始有济者也。

补充役十二年，国家不能举所有壮丁，一一使之服兵役也，则编其余者于补充役，于农隙则征集之，施以短期之教育，视其年龄之大小，战时或编入守备队，用之于后方，或编入补充队，以为第一线伤亡病失之预备。

国民兵役，分为第一国民军、第二国民军。第一国民军，凡满后备役及补充役者充之，曾受军事教育者也，余者为第二国民军，未受军事教育者也。国家当危急存亡之际，兵力不敷，则召集之。

凡处重罪之刑者不得服兵役，是曰禁役，凡废疾不具者，得不服役，是曰免役，体格未强壮，或以疾病，或以家事，得请缓期以年为限者，是曰延期，在专门学校及外国者，得缓期至二十八岁为止者，是曰犹豫。

准乎此，而品质数量之间，得以时间财政为其中间调济焉。欲其质之精也，则增其常备役之人数，而短其服役之时期；欲其数之多也，则长其预备役之时期，而多其服役之人数。财少则求其周转于时，时急则量其消费之财。操纵伸缩，可以自如，而国家之武力，乃得随时与政略为表里焉。

关于征兵上之行政组织，则区域之分配，官署之统系是也，各国通则如左。

分全国为若干区，是曰军区，凡一军之征兵事务属焉，每军又分为若干旅区，每旅之征兵事务属焉，每旅区又分为若干征募区，征募区之大者，再分为数检查区，是各种区域必与行政区域相一致，除占领地及异民族外，以本区之民为本军之兵为原则，军民之关系密切，一也，易于召集，二也，各兵之间，各有其邻里亲戚之关系，则团结力益固，三也。

中央之征兵官，以陆军及内务之行政长官兼任之，各军区之征兵官，以地方之司令长官（军长或师长）、行政长官（省长）任之，各旅区，旅长及该区之行政高级官任之，各征募区，以征募区司令官（专设）及该区之行政官任之，必军民长官合治一事者，盖微独事务上，有俟于各机关之互相辅助也，其制度之原理，既发动于国民之爱国心，而事务之基础，亦导源于国民之自治团体，势有所在，不得不然也。

关于征兵实行上之事务，复须别为三：一曰征集事务，平时征集之使入营受教育也；二曰召集事务，当战时召集之使出征也；三曰监视事务，监督有兵役义务之人民，使确实履行其义务也。

征集事务，大别为四：曰准备，曰分配，曰检查，曰征集。

准备云者，征集事务之准备也，其道自下以及上，每年凡村长，集其在村内之壮丁人数，籍其名以报诸县，县以报诸道，道以报诸省，省以报诸中央，而每年各区可征之数，政府得以详稽焉。

分配云者，分其应征之数于各区也，其道由上以及下，每年凡元首，定其全国应征之数，以分诸军，军以分诸旅，旅以分诸团及征募区司令部，而每年各区应征之人，地方得其标准焉。

检查云者，检查其壮丁之体格，及家属上之关系，定其适于兵役否也，征募区司令官，实负其责，附以军医及地方官吏，及期，巡行各区，而检查之，予以判决，判决既终，则以抽签法定其入营之人，编为名册，以报诸军，作为布告，以示其民。

征集云者，使抽签既定之人入营服役也。旅长实负其责，及期，巡行各处，一以确定壮丁之可以服役与否，二以分别各人编入步骑炮工各种兵，三以规定补充役中之可以征集受教育者，各编册籍，以报诸军，每年十一月一日，各民按照布告之所定，自投于征募区司令部，各队派员迎率之以归。

是四者，年一为之，周而复始，其册籍有一定之方式，其事务有一定之期限，其权限有一定之范围，丝毫不容其稍紊，而征集事务，乃告终结也。

召集事务，大致别为二：曰平时之准备，曰战时之实施。平时准备，则政府示其召集之要纲，以颁诸军，军长准之，定其召集之人员，以颁诸征募区司令官，区司令官乃订成各县之召集名簿及召集令，以送之县，县别存之。召集令者，一人一纸，记其姓名、住址、召集之地点，惟时日则空之以待填也，而凡交通之关系、旅行之时日、集合之地点、监督指挥之人员，无一不预为计划，以免临时之仓促也。实施事务，则元首以动员令行之。政府以颁诸军，军以颁诸地方长官、各宪兵警察队长、各部队长、征募区司令官，司令官以达诸县，县记载其时日，以颁诸村，村以达诸各人。各人之受令也，乃按照令内所规定之时日、地点、道路，以至于召集事务所，各部队先期派员迎之，率以归于队，而地方官吏，及警察宪兵，同时布监视网，以监督之，防逃役也。

监视事务，亦大别为二种：一为入伍前之监视，一为退伍后之监视。入伍前之监视，则人民自十七岁起，即有受监视之义务，若迁移之必须报告本区也，若旅行之必得许可也，皆是也。退伍后之监视，一为复习，复习者，退伍后复召之入伍，使习之，期不忘也。在预备役中至少二次，后备役中至少三次，每次必于农隙期，期自三周至六周不等。一为点名，就本地征集之，检查其体格及职业，以验其适于军事之程度也。凡此者，皆所以为战时召集之准备也。

是故征兵之要件有五，五者不备，不足以言征兵也。一曰征之能来，二曰来之能教，三曰教之能归，四曰归之能安，五曰临战焉，一令之下，应声而即至。五者若贯珠然，一不备，不足以成今日之征兵制也，图示之如左。

征之而来，则行政能力，于是征焉。是故谓民智未开，不可以言征兵者非也，其在德法诸国，习之百年，而厌忌兵役者，代有所闻，小民难与图始，当然者也。谓户口未清，不可以言征兵者,亦非也。征兵之倡始,皆在国难张皇之际,日德诸国,当其始,行政机关犹在草创,遑论户口?是故征兵之难,不难在民间之忌避,而在政府之决心,不难于条例之公布,而难于律令之彻底力,故欲行征兵者,必以整理地方之行政机关为第一步。

征之来矣,尤贵乎教,则军队之责任焉(教育一项待后专章),就征兵之范围言,有二要件,无熟练之弁目者,则教不足以入其微,无强固之将校团,则力不足以举其重,是也。弁目,所谓亲兵之官也,与兵卒共起居。教育之期,长不过三年,短者二年耳,是二年中,使其习之于手,记之于心,盖有视乎随时随地之指点,是非将校之力所能及也,而弁目之效著矣。兵卒同出于一区,其乡土之观念强,故团结力大,固也,顾用之得其道,则可为精神固结之基,用之不得其道,则即为指挥困难之础。义务兵役者,聚国民而为一大团体也,其量大,其质重,非有全国统一之将校团,则离心力大,不足以举之矣。法国共和政府之初元,乃至有以此区之民,充彼处之兵者,其苦心益可见也[1]。是故征兵制也,弁目久役制也,将校团制也,三者皆若连鸡之势,不能舍其二,而独行其一也,故欲言征兵者,必以改良军队教育为第二步。

教而能归,归而能安,则有涉于国民生计之大本,不可以习焉而轻视也。盖军队以国防之故,驻扎地常在通都,而都野间之生活程度,则相差至大,兵卒于一二年间,习为华美,即有厌薄固陋之意。法国近有倡言军队食料太美者,德国则每周授兵以农事智识,盖咸以兵不归农为大戚,而思力有以矫之也;且田园有

---

〔1〕怕造反。

荒废之虞，工商业有中绝之患。故征兵者，始焉既强之使来，继焉又必强之使去，不愿来，犹易处，而不愿去，则难处也。勉强行之，则相率而流亡，匪独不能临难时召之即来也，其祸更有不可言者，故欲言征兵，必以注意国民之生计为第三步 。

若夫一令之下应声而集，是则征兵之最后目的，《管子》所谓"内教既成，令不得迁徙"者也。盖必平时之监视严密，计划周到，而临事之征调，始能有秩序而迅速也。各国今日，则自命令下付之方，旅费取予之法，应到之地，应往之路，应用之车船，无不一一预为规定，而警吏宪兵，则各设其网，以周流巡视乎其间，各机关各人，各有一定之每日行事表，夫而后当开战之日，全国国民，不震不惊，寂焉各行其所是，不相扰而益相成，呜呼，极人间之能事矣。故言征兵者，必以战时能圆满召集编入军队为最后之目的。

第四章　军事教育之要旨

人也,器也,军也,国也,各有其个体,其形式上之一致,则编制之责也,其精神上之一致,则教育之责也。

言军事教育,则有开宗第一义,曰军事教育之主体,在军队,不在学校,是也。平时之军队,以教育为其唯一事业,战争之教育,以军队为其唯一机关。学校者,不过军队中一部分人员之补习机关而已。以教育与学校相联想,则军队教育无进步,而一部分之事业,必将为主体所排斥而后已。

试举各国军事学校与普通学校之系统比较之,则尤显,普通学校之为制也,自小学、中学、高等、专门、大学,自成为系统,而相联络。军事则不然,毕业于中学,不能径入士官学校也,必自军队派遣也,专门学校,非士官学校升入也,必自军队派遣也,大学校,亦非自专门学校送入也,必自军队派遣也,盖将校之真实本领在统御,其根本事业在军队,惟知识上一部分教育,在军队分别授之,则事较不便,则聚之一堂,为共同之研究,是则学校教育之目的耳。

苟明乎征兵之原理,则知平时之军队,即国民之军事学校也。"军人者,国民之精华也,故教育之适否,即足以左右乡党里闾之风尚,与国民精神上以伟大之影响,盖在军队所修得之无形资质,足以改进社会之风潮,而为国民之仪表,挚实刚健之风盛,则国家即由之而兴,故负军队教育之任者,当知造良兵即所以造良民,军队之教育,即所以陶冶国民之模范典型也。"(日本军队教育令)故曰平时军队之唯一事业,教育是也。

学战于战,此原则也,故不能临战而后学,则学之道,将何从,曰:根于往昔之经验。经验之可以言传者,笔之书,其不可以言传者,则为历史的传统精神,故曰"团也者,依其历史,及将校团之团结,最便于从事统一之战争者也"。"严正之军纪,及真正之军人精神,为军队成功之元素,欲使其活动发达,则必有俟乎强大之干队(即平时之军队),各兵既受熏陶而归家,一旦复入,则即能恢复其昔时之习惯,即新编之军,而求其内部坚实亦甚易,故军人精神,恃多员之干队而始成立者也。"(伯卢麦《战略论》)故曰教育,以军队为唯一之主体也。

有一言而可以蔽教育之纲领者,则致一之说是也,故第一求人与器之一致,第二求兵与兵之一致,第三求军与军之一致,第四求军与国之一致。

(一)人与器之一致。不观夫射乎?心之所志,目之所视者,的也,手之所挽者,弓也,而矢则有中有不中也。其不中者,必其心与目之不一致也,必其目与手之不一致也,必其手与弓之不一致也,必其弓与矢之不一致也。语曰:读书有三到,心到眼到口到,到者,致一之说也,宁独射焉读焉而已。一艺之微,其能成功而名世者,必有借乎精神身体器用三者之一致。书家之至者,能用其全身之力于毫端,而力透纸背;军人之执器以御敌,无以异于文人执笔而作书也,方法虽不同,其所求至乎一致者一也。兵卒之来自民间也，其体格之发达，各随其艺以为偏，身与心犹未易习为一致，故必先授以徒手教练及体操，以发达之，体与神交养焉，然后授以器，使朝夕相习焉，以至简之方法，为至多之练习，久久而心身器三者之一致，乃可言也。故夫步兵之于枪也，则曰托之稳，执之坚，发之由自然；骑兵之于马也，则曰鞍上无人，鞍下无马，皆言其身与器之一致也。此单人教练之主旨也。

（二）**兵与兵之一致**。人心至不齐也，将欲一之，其道何从？曰有术焉，则逆流而入是也，逆流云者，自外而及内，自形式而及于精神是也。以颜子之圣，询孔子以仁，而其入手，则在视听言动，军队教育之道，亦若是已。是故步伐之有规定也，服装之必整齐也，号令之必严明也，整饬其教练于外，所以一其心于内也，器具之有一定位置也，起居之有一定时刻也，严肃其内务于外，所以一其心于内也，虽然亦更有其精神者存焉，则人格之影响，情分之交感是也。惟人格有影响，而上下间之关系以深，惟情分有交感，而彼此间之协同以著，此种一致之基础，成于战术单位之连。连者，军队之家庭也，其长则父也，连之官长，则成年之弟兄也，弁目之长，曰司务长者，则其母也，是数人者，于兵卒一身之起居饮食寒暑疾病，无时不息息焉管理之，监视之，苦乐与共而其情足以相死，夫而后一致之精神立焉，此一连教育之主旨也。

（三）**军与军之一致**。自征兵制行而兵之数量日以增，技术发达而兵之种类日以繁，文明进步而将校之知识日以高，于是军与军之一致，其事愈难，而其要益甚，自其纵者言之，则将将之道，有视乎天才，自其横者言之，则和衷共济，有视乎各人之修养。此种一致,盖与国家存在之源,同其根据,历史之传统,一也;伟人之人格势力,二也;智识锻炼之一致,三也;人事系统(详见下文)之整齐,四也,而每年秋操,图各兵种使用上之一致,使各知其联合之要领,则犹其浅焉者耳。

上文(二)(三)两义,则各国今日通称之军纪二字之意义是也。"军纪者,军队之命脉也,战线亘数十里,地形既殊,境遇亦异,而使有各种任务几百万之军队,依一定之方针,为一致之行动,所谓合万人之心如一心者,则军纪也。"(《日本步兵操典》)

兹言也,仅就其效用言之,于其意义,犹未若哥尔紫将军所论之深切著明也。哥将军曰,苟一想象今日国军之大,不能无疑问,即如此大众,究竟用何法以指挥之是也。答之者则有词矣,曰军纪者,所以使大兵能自由运用者也。斯言是也。顾所谓军纪者,又何物欤?

普通人解之曰,军纪者,以严正之法律,维持其秩序,而严肃其态度之谓。斯言不可驳,而非其至也。德国之秩序态度至严肃矣,而法律之宽,他国无比。历史上有法律愈严而军纪愈棼者,法国共和政府之成也,背戾者悉处以死刑,而军纪之弛如故也。盖法律之效果,发生于事后,故谓军纪发生于法律者非也。或为之说曰,军纪者,发生于国民之道德心,而由于自然者也。兹言亦非也。军纪者,不仅使人不为恶而已,兵卒为克敌之故,必致其死,军纪者,要求此非常之事于兵卒,而使习为自然者也。"法人每谓热诚之爱国心,可以补教练之不足,其实依共和政府之经验,则热诚之爱国者,行军一日而冷其半矣,疲劳之极,则肉体之要求,即越精神而上之,一鼓作气,不可恃也。"（伯卢麦之说与此相发明，故引用之）故谓军纪之源在道德者亦非也。

达尔文著《物种论》[1]，于军纪二字，独得至当之解释曰："有军纪之军队，其较优于野蛮之兵卒者，在各兵对于其战友之信任。"此坚确之信任，实为真正军纪之根源也。凡兵卒之有经验者，皆知其将校，无论当何种时节，必不离其军队以去，一队犹若一家然，除共同之利益外，他无所思，虽危险之际，亦不为之稍动，此则达氏[2]之所谓信任之源也。有此信任，故兵卒虽当敌弹如雨，犹泰然有所恃而无恐。

法者，一种军纪之补助品也，人欲之炽，则借法以抑制之，而用法尤贵严贵速，然不过一方法，非其根本也。躬行率先之效力，则有大于法者，故兵卒见官长之服从官长，如彼其恭顺也，则从而效之，且不仅服从已也，尤贵对于职分而起其嗜好心。德之士官，皆使习为兵卒之勤务，即于简易之事，而发动其职分之观念，且兵卒亦知上官之出身，初亦与己无异也。

德国凡勤务之细件，极其精密，非墨守成法也，非夸其知识也，所以发起其勤务之嗜好心，即尽职之观念是也，学术教练之外，尤贵乎志意之锻炼，而清洁也，秩序也，精密而周到也，不谎言也，皆为整肃军纪之一法也。

委任被服粮食诸事于将校，其主旨非出于节俭，盖所以图上下间之亲密也。仓库也，厨房也，寝室也，将校日日服其勤务，而为军纪柱础之连长，自然成为一连之父，而军队中于是有"长老"之称，是名也，则含有至深之意在也。

---

[1] 即《物种起源》。——编者注

[2] 即达尔文。——编者注

忠实于职务之外，尤当有共同一致之志操，德军之成立，此志操实为其根本，大战中法律之所不能禁，监视之所不能及，而此共同一致之志操，则犹发生其秘密效力，名誉与职分交为激奖，而发挥其最后之武勇焉。

昔年之战，凡关于共同之利害，或敌有可乘之机，则我军虽弱，亦必取攻势者，职是故也。闻最近军团之炮声则驰援，陷必死之境，犹能确信其同志者必且继续我志，而收其功，而上自司令，下迄少尉，无不为同一之思量，为同一之行动，此则德国所谓军纪之效力也。

军纪者，无形者也，保全之，则有待于有形之要件，第一则平时编制之单位，不可于战时破坏之也，由各师选拔最精之三营而组织一团，其能力绝不能如平时固定一团之大也，其在德，地域人情之不同，而操纵之法亦互异，故临战以不变单位为原则。

第二则退役之预备兵，必召集于原受教育之队也，预备兵之于本队也，有旧识之僚友，有旧属之官长，常以在其队为自己之光荣，而一队之名誉心生焉，故动员计划，虽极困难，尤必原兵归原伍为原则。

此外则有一无形之军纪，则将校智识作用之一致是也，一军之智识不一致，则行动即不一律，法之共和军队，皆志士仁人，感国难而集合者，然平时于智识，未尝经一致之训练，而军纪即因之以弛，然此种训练，绝非强以规则，要在识其大纲，而得一定之方向，有此智识之军纪，然后主将能信任其部下，部下独断专行之能力发达，而战胜之主因得焉，故将校之出身首贵一致，将校一部分自队中升入，一部分自学校毕业，而杂糅焉，绝不能望其行动之一致也。

（四）军与国之一致。则全军一贯之爱国心是也。夫爱也者，情之根于心，而丽于物始显者也，无我而有物，则爱之源不生，无物而有我，则爱之义不著，物我有对待之缘，而爱之义始著。国也者，名词之综合而兼抽象者也，说其义，既更仆不能尽，而民之于国也，则犹鱼之于水，人之于气，视之而弗见，听之而不闻，日用而不知者也，虽欲爱之，孰从而爱之，圣人有忧之，则有术焉，使国家有一种美术的人格之表现，而国民乃能以其好好色之诚，而爱其国，是故爱国之心不发达，非民心之无爱根也，表现之术，有周不周也，人格之表现最显者，为声音，为笑貌，视之而不见，于是有国旗焉；听之而不闻，于是有国歌焉。闻国歌而起立，岂为其音，见国旗而致敬，岂为其色，夫亦曰，是国之声，是国之色也，有国旗，有国歌，而国之声音笑貌见矣，此为第一步之爱国教育，最普及者也。人格表现之较深者，为体段，为行动，于是有地图焉，则国家之体段见矣，于是有历史焉，则国家之行动现矣，是故读五千年历史而横览昆仑大江之美者，未有不油然而兴起者也。有历史，有地理，而国家之影，乃益状诸思想，而不能忘矣，是为爱国教育之第二步。虽然，犹其浅也，犹其形也，而未及乎人格精神也。呜呼，自共和以还，盖尝手法国之操典，而三复之矣，求其精神教育之根本，而得一"自我"即国家人格之精神代表说也[1]，人未有不自爱者，国也者，"我"之国也，而爱之义以著，故法国以名誉与爱国并提。名誉者，自尊之精神也，德国以忠君与爱国并提。忠君

---

〔1〕近读塞克脱将军之毛奇论有"朕即国家"即普鲁士精神说，则与此说一致矣。

者,克己之精神也,是故君主国以元首为国家人格之精神代表,而要求其民也,以服从,以自牧,若曰服从其元首,即爱国之最捷手段也,客观之教育也。共和国以自我为国家人格之精神代表,而要求其民也,以名誉,以自尊,若曰发达其自觉心,为爱国之根本也,主观之教育也。故国家于声音笑貌体段行动之外,尤贵有一种民族的传统精神,以为其代表,而爱国教育,乃可得而言焉。然德国虽以服从为主体,亦绝不蔑视其个性。德之操典曰,战事所要求者,在有思虑能独立之兵卒,能于指挥官既毙以后,依其忠君爱国之心,及必胜之志意,为自动的行动者也。法国虽以个性为主体,亦绝不疏忽服从,故法之操典曰:名誉与爱国心,所以鼓舞其崇高之企业心,牺牲与必胜之希望,所以为成功之基础,而军纪与军人精神,则保障命令之势力而事业之一致也。

明乎是四者,而军事教育之要纲得矣,犹有数事所当知者,一为战争之特性,一为时间之效力,一为习惯之势力。

战争之特性有四,曰危险,曰劳苦,曰情状之不明,曰意外之事变(格洛维止[1]之说)。危险,故有待于精神之勇;劳苦,故有待于体格之健与忍耐力之强;情状之不明,故有待于判决之了彻;意外之事变,则有待于临机之处置与积气之雄。凡此四者,上自将帅,下迄兵卒,皆同受之,而位置愈高者,则要求入于精神领域者愈深,而困难亦愈甚,此平时所贵乎修养磨练也。

凡人习一业,久之久之,忽得一自然之要领,有可以自领略,而不可以教人,可以意会,而不可以言传者,艺至是,乃始

---

[1] 即克劳塞维茨。——编者注

及纯粹之境，乃始可用，是名曰时间之效力，其在军事，其功尤显。盖兵之临战，其危险足以震撼其神明，失其常度，此时所恃者，唯平常习熟最简单之行动，以运用之于不自觉而已，故兵卒教育之最短时期，为四个月，而兵役则无有短于二年者。盖教育虽精密，亦必有待于时间之久，而始发生效果也。

凡人与人交，则习惯生焉，习惯有传染性，虽未尝直接，而闻风可以兴起，有遗传性，虽十年递嬗，人悉更易，而其传统的惯性仍在，习而善焉，不能以少数人破坏之，种而恶焉，尤不能以一时而改善之。故君子慎始而敬终，将军弗来答叙普法之战史（千八百零六年[1]）曰："维也纳之役，其有名之将校，将来立新军之基础者，何尝不在军队之中，然不经拿翁之蹂躏，则往昔之习不去，而此有力之将校，无以显其能，故曰不良之军队，不经最大之痛苦不能治。"

曾文正所谓"孔子复生，三年不能革其习"者，其斯之谓欤？

---

[1] 即1806年。——编者注

第五篇

十五年前之国防论

当时国人高唱裁兵之说,余恶其头脑笼统而作此文。嗟夫,孰知其不幸而言中也。书中所论虽已失时效,然为国防大要所在,故重叙之。

第一章　裁兵与国防[1]

十年以还,国民外交之声,渐闻于朝野,而国民对外观念之不确实,其程度亦殊可惊,姑举一例,则吾有友于民国八年夏为教育部外国留学生之试验委员,受试者皆学界之精秀也。时正山东问题热度至高时,乃试问以"高徐顺济铁路条约之由来与影响",则结果乃出意外,盖并高徐顺济之为何地,而犹未明者也。读者须知一种论断(如曰山东当收归)若不根据于确实之常识,则其基不固,易为诡辩所摇也。

对外观念不正确,而为祸于国家,其类可别为二:一曰怯懦;一曰虚骄。怯懦云者,视外人之势力为绝对不可抗,中国人除永久沉沦之外别无他法——至少一时的。虚骄云者,昏不知外

---

[1] 此文为节选。——编者注

事，而耳食其二三以为谈助，以悦人而欺己。怯懦之结果为怠，虚骄之结果为骄。怠与骄练兵之大敌。而同时即为裁兵之根本障害。何也，无勇决之志者，不能开裁兵之先。无精密之智者，不能善裁兵之后也。以吾所闻今之裁兵论如"只教裁兵中国即有办法"，如"中国裁兵只能靠外人势力"之类，试为详细分析，中间即发现有非怠即骄之分子。此种议论纵曰一时矫激之谈，然精神腐败，其为害于国家者，正复不少也。

不怠不骄，夫而后可以入我本文之题曰，兵裁矣。吾侪将何所恃以自卫？

自卫云者，对于"他"而言也。一国家之四围，皆他也，然而一国家，绝不能使四面皆敌。是故谈自卫之第一步，首当将此"他"认识清楚。

呜呼，当"二十一条"之哀的美敦书到北京时，我国民曾有一人焉，测量其能力之所极致，而一为较量者乎？当山东问题热度至高时，我国民曾有一人焉，调查其武力之现状，而一为登记者乎？谓吾国民其甘心于沉沦耶？则何以断指沥血之书，乃时触于我眼，谓吾国民其决心于自拔耶？则何以沉沉中原初不闻有人焉，为一种确实的自卫运动？

今我以民国八年为准，而先为一种兵力上数的测量。据此较可信之材料而得"他"的兵力大要。

依兵役法之通例而征其战时扩张能力，则第一线（即最精练）之战斗员当为六十万。而其极度可至百二十万，连非战斗员其给养总额当为二百万，此其大较也。至于数字以外若教育之精粗，装备之整否，动员之迟速，海陆两方运输之时日，技属专门，事关机密，今姑从略。

要之照此计算，则于某时期以内，于某战地以内，"他"得集中多少兵力，当可概计。总之对于"他"之概计愈精密，则关于我的准备愈周到。其在欧洲，此种议论，常为一般新闻纸之材料，而中国今日微独国民于此无相当之了解，即专门军人，亦未闻有谈论及此者。至多不过曰国际联盟耳，夫一国之地位而至于借他人之同情以自保，此其可耻，殆有甚于为奴，甚矣，志气摧残一至于此极也。

读者须知国民自卫，若不一一从此种精神、此种方法，计算以出，则匪独所有之兵皆属浪费，而其结果，必酿成一种内乱。何也，所谓聚群众于一处，而志无所向，未有不为乱者也。

今若以上而以当年之预算与中国一一对照，则吾人当得一有趣味而又极痛心之事实，此无他，即："他"以全国预算额四分之一，平时养二十七万人，而战时第一次会战兵力约得六十万人。

我以全国预算额三分之二，平时养百万人，而战时第一次会战兵力，得或此者，虽举全国之人而询之，不能得其数，以吾计之二十万人，犹幸事也。是故"他"以一人之费，而得三人之用，而我则以四人之费，而犹不得一人之用。故由今之道，而欲望国防充实，则平时养兵至少当三百万，其军费预算额当较今日更扩充至三倍以上。此固无人敢作此梦想者也，于是国民发其绝望之声，而军人乃纵其无厌之欲。呜呼耗矣。

虽然人则同也，钱则同也，徒以组织法之不同，而数字上能率之相差乃至于如是，故谓吾国绝对无自卫之能力，其谬乃更甚也。就人口素质言，则除神经较敏是其缺点外，而信德之坚，体魄之强，知识之活泼，虽较之以世界最良之国民，吾可以生命保其无愧色也。就资材之素质言，机械之动力固远不如人，而天然来源之丰厚则固国人所认同,而此物质之运用,则其道固可以按日以得其进步者也。无论如何,以中国今日之地位较之千八百七十年[1]败战后之法,及明治初元改革时之日本,以及今日之德,其为形便势利,盖无可疑者也。

惟然而吾人乃得一结论曰,现状非绝对地改造不可。而自卫之道,其事为至易而可能。

自卫之策当奈何?以今日国家形势言,则是策也,当具备左之三条件:

一、使国内永久不复发生或真或伪之军阀。

二、军费依现在财政状态,至大限不能过预算三分之一。

三、于一定时期中得于一定作战区域内集合曾受教育而较优势之军队。

惟然义务民兵制尚矣。盖欲适合上文之三条件,舍此之外别无他法也。民兵制之要旨,首在教育与军事之调和一致。其在兵卒之教育,则以向来在营中两年间之教育,分配于平常十岁迄二十岁之间,与学校教育夹辅而并进。教育科目中,如体操、如行军、如射击、如乘马,悉在军人及教育家监督之下任人民自为之。惟必不能在营外教育之群众运动(包含军纪及部队联合战斗教练),则以六个月之新兵学校教授之。盖表面上军队之色彩愈薄,而实际上教育之程度愈深,而于国民经济上之负担乃大可减少,此其一也。其在将校教育主旨,则在使军官富于人生之常识,有独断能力,而不成为一褊狭机械之才。盖今日物质进步而人民知识益日开,不治文科者不足以使人,不治理科者不足以使

---

[1] 即1870年。——编者注

物，民事如是，军事亦如是也，此其二也。

此种制度最适于自卫，最不适于侵略。

其在中国，则民兵制之善也，更不在其法之新，不在其兵之多，不在其费之少，而尤在适于中国之历史与环境。今试横览中原，则凡人迹所到之地方，二百里以内必有一城塞以居以安。此正我先民当时殖民之唯一武器，而民族自卫之一种象征也。历史上开疆辟土之豪杰，我国民未尝加以特别的赏赞，而独于效死勿去之英雄，则啧啧焉诵之而犹有余欣。降及近世湘军之扎死寨，平捻之筑长壕，盖犹是国民性之一种遗传而未替者也。故民兵制者，最适于国民性之军事制度也。

呜呼我国今日，乃日日在威胁中者，非彼侵略性之国家为之厉哉？然则彼利急，我利缓，彼利合，我利分，彼以攻，我以守。此自然之形势，而不可逆者也。三十年来袭军国之貌，专以集人，悉索天下之财，以供其食。其自兵言也，则以养十兵之费，而不得一兵之用，其自民言也，则以五人之所出，不足以供一人之食。物极必反，此其时盖已亟矣。夫不于国民自卫上立一根本政策，唯独裁兵为不可行，即裁矣，其为祸于将来，殆亦与当年之军国论相同，抑且或过之也。

民兵制之善美洵有然矣，虽然，将何法以实行。二十年来军国民教育之声盛倡于朝野，夫固曰救中国之积弱，而自强之结果乃适以养成今日之伪军阀。今我侪乃趾高气扬，以谈民兵制，若仍是一循旧法，则诚不过一种名词之改革耳。伪民兵之结果或者更甚于伪军阀，吾侪殊不敢断言。吾侪既具有往昔失败之经验，则于此种新名词、新方法更当加一度之思考。

且义务民兵制者，实一种最进步的军事组织，其为事业之久

远与规模之扩大,虽以今日之英法,尚且有志而未逮。卓莱氏[1]曾有言曰:

"各国现行军制中,其性质为国民的,其精神为民主政治的,则莫瑞士若也。

"所以然者,曰瑞士之军事生活,与民事生活融成一片。其所以能融成一片,则以其在营时间至少也,则以其征募非仅为地方的而为地段的也。则以其举无量数健全之市民而为'地段部队'之组织也。虽然吾不欲举瑞制而直移植于法也。盖瑞制之于瑞士诚哉,其为尽善尽美,若移植于法,则尚需若干之重要的修正,其修正之标准以适于法国国情为度。

"即以常备军教育论,瑞士之所谓幼年青年军事预备教育的习惯,法国则全然无之。此种习惯必也于不恃军队为侵掠之国家始能养成之,必也于不视军人为特别阶级之国家始能养成之。必也于仅以军队保护国民之独立及人类之正义之国家,始能养成之。法国国民若了解此义,则此习惯之于法国油然生矣。顾频年以来,法国之民主政治,法国之军事教育,皆不足以使法国国民了解此义,皆不足以使法国油然生此习惯。是故必假严重法律之规定,以代习惯之缺点而后可也。其在瑞士固已有此习惯也,固有之而且坚者也;有之且坚其法律尚规定之而不一任其习惯,而不一任其人民之自动。然则无之之法国,其可不亟设严重法律以策行之哉。一八七四年以来瑞士法律规定之曰:凡少年自十岁至初等小学毕业之年龄,无论其在小学与否,皆须以乡村政府之注意,而从事体育操练,以为服兵役之准备。

---

[1] 即让·饶勒斯(Jean Jaurès,1859—1914)。——编者注

"瑞士之义务教育，至十四岁而止，故凡自十岁至十四岁者，皆当从事体育操练。以为服兵役之准备也。自初等小学校毕业至入新兵学校之年，即自十五岁至二十岁时，少年皆当继续此种体育操练，且自十八岁至二十岁尤当加入射击演习。据烈马翁（Lemant）之说，自十五岁至二十岁之体育操练，法律虽已规定其原则，而施行细则至今尚未规定。是故军事预备教育之在瑞士自十岁至十四岁为强制的，自十五岁至二十岁为习惯的。即弱半在夫政府之监督，强半在夫国民之热心也。

"其在法国，若一任国民之热心，则有两重之危险。第一，国民既无此种习惯，则对于军事预备教育之意义，自不十分了然，不了然则无兴味，无兴味则行之不力，而其事难于收效。第二，行之即力矣，而以习惯不深，辨别不明，政治家往往借办此种体育团体，而牢笼煽惑其所属之少年，于是少年此及成年，或对内各依所亲，而入主出奴，以分党派。或对外而为好战复仇的行动。欲免去此两重危险，则一面须教育以新其内，一面须法律以齐其外。新其内者，王道无近功。齐其外者，治标之急务。故吾谓实行军事预备教育于法国，急宜严定法律以策其实行，并宜严定制裁以罚其行之不力。"

夫以中国好浅尝、重形式之习惯既如彼，而新制之久远扩大而难行又如此，卓莱氏欲移植于法，且不能不郑重再三。吾侪欲以之移植于中国，而不于中间得一过渡之要点，则亦唯是名词之变易，而于事实无当，吾思之，吾重思之，而得一着眼点之所在也。其点为何？曰执简御繁是也。

自近世盛谈法治，而欧洲诸国之繁密典章，日日输入于中国，强以负于窳陋腐败之行政系统上。是故动则烦民，而事仍不举。而作伪之风，乃相加迄以无已。若户口调查，若义务教育，若清理田赋等，皆是也。中国素以冗员闻，其实真正欲举一事，则行政官吏之数，当较现在加数倍。此又与上文养兵三百万之说相类矣。盖中国社会中最大缺乏者，实为组织能力。故无论何种新制度，必先得一种执简御繁法，而后新制度乃可望其有成也。

吾之所谓组织云云者，盖兼时间空间而言。国家之事业，以百年计，而人类之事业，至多不过二十年三十年，前人之专业，非有后人继之，则必不能成。况军事以财政关系，其所以能以较少之费得较大之力者，全视乎时间上之腾挪，而中国行政之于此，则缺乏之甚者，此言时也。至于幅员之广大，风气之不同，交通之不便，则空间之阻塞为力，亦复不少，而所最感困难者，则尤在国家之无组织能力。

所谓简者何物乎？盖即制度中最后之一点精神是也。譬之种植也，择其一粒种，而置之风日适宜之地，而勤其朝夕灌溉之功，则不劳而其根自植。不此之务，或截其一枝而移接焉，或竟欲为整个之移植，其劳无艺，而枯萎乃日相续，中国之新法皆截枝之类也。

义务民兵制之种何在乎？曰，即所谓军事生活与民事生活融成一片是也。而其机栝乃在教育，平时之军队，一教育机关也。平时之学校，亦一教育机关也。然则何以不在学校而在军队？军事上研究有若干点非在军队教育不可？军队中之体育与学校中之体育，其不同之点何在？军队之射击与猎人之射击，其不同之点何在？军队中之精神讲话，而移之于学校讲堂中，其不可能之要旨何在？如是种种分析之结果，而得最后之解决曰，各种教育，件件可于学校行之。唯大规模之群众运动与生活，非在军队编制之下，不能植其础。然学校固不能用军队之编制，而军队则固可以仿学校之办法。不惟办法，且并名义而可易也。故瑞士之常备军，不曰军队，而曰新兵学校。

是故欲立义务民兵之基础，其在中国只需简单明了之两律：

其第一律曰，自今以往，凡师范中学校之学生，非受过三年间共六个月（每年二个月）之军事教练者，不得毕业。

其第二律曰，自今以往，无专门学校以上毕业之文凭（已受过六个月军事教练者）不得为常备役之官。

无论今日学校若何之不完备，今日军队若何之不整顿，苟能将军队与学校之界限中，沟通一条道路，则民兵制之于将来自能逐步发达。此二基础不立，则虽有繁密之法律，恐亦无所用之也。

虽然上述之义，不过为国家将来之一种方针，以示：（1）护国义务非一部分专门人所能独占，尚当公之国民全体；（2）军事教育之精神，实能依健全之常识，而益增其度云耳。至于目下事实上之国军建制法，则断不能以此自足，而其事之有待于吾人劳力者，正复绝大也。

此种事业，实有赖于军事上一种组织天才，在欧战之初年，将军伯鲁麦[1]曾论英国之运命，当视其陆军卿吉青纳之组织天才以为定。彼以为英国拥广博之资源，其缺点乃在平时无适当之组织，以予观于中国，其事乃正复相类。而今后之有赖于此种天才者，其激切乃更无等。此种天才必具有左之三条件：

其一曰，大胆的创造力。凡制度之为事，最易蹈陈袭故。人民一旦习惯而骤欲易之，则每觉其扞格难通，务必恢复其原状以

---

[1] 即前文的伯卢麦。——编者注

为快。即貌曰改革，其实所谓改革者，仍是一种因袭。而不知真正制度之原始，无一不自创造来也。

其二曰，致密的观察力。今日军队必合社会上各种力量而后成，绝不能如古武士之独居孤堡，以自张其军。极端言之，彼对于社会上无论何事皆当用一番观察工夫，盖国家为一整个，军事组织又为一整个，牵一发则全身动也。

其三曰，彻底的行政能力。纵有方法而使弱者当其任，则效不见而信不能立。此在中国群众政治之下，而行政系统又极窳陋者，其为用尤属紧要也。

天才的立法家，可遇不可求。而吾人以其诚之力与智之光，则根据于国民全体的组织能力，而于将来民军组织之大纲，得其要领如左：

一、建制之主义——以自卫为根本原则，绝对排斥侵略主义。

二、编制之原则——军事区域之单位宜多，而各单位内之兵力（平时）宜少。

三、建设之顺序——以京汉铁道以西为总根据，逐渐东进以求设备完全。

今试依上文原则而立具体之方案如左：

凡军队别为三种。

一曰，干队。以十八万乃至二十万人为最大限。其任务：一为战时军队编成之骨干；二为平时国民军事教育之机关。

编制。全国设百二十个军事区。为国防之据点。每区以步兵千二百人为干。而斟酌地势附以特种兵。其在黄河流域以内，须设置七十个以上（其余之特种兵役，得另集为集团教育，如骑兵、炮兵及其他技术诸部队之类）。此军事区之司令，以将官为之，为地方军事之最高长官，其幕僚之组织应较大分为二部。第一部，即师团司令部之诸官。第二部，即联队区司令部（管理征兵事宜者）、兵器支厂及战时留守司令部之诸官。

补充。仍用招募法。现役以八年为期，退为预备役四年。凡曾受义务教育、年在十九以上二十四岁以下者始得应募。

给养。除公给衣食住外，其饷项第一年月约三元，第二年月四元，此后按年以月增一元之率递增。

教育。除第一年专教军事动作外，嗣后除一定之训练，及教育新兵外，逐年递增普通学功课，其程度以中学毕业为基准。

升级。第七年第八年兵，均为下士。第八年退伍后，得依相当之顺序，升为预备或现职官长。

退伍。退伍后四年中动员时，仍负应募之义务，炮工兵对于交通、内务诸行政部及各种官营事业之相当官吏，有尽先任用之权。步骑兵对于教育部及地方诸行政衙门之相当官吏有尽先任用之权。

二曰，正规军或曰国民军。以战时得员百五十万人为度。用义务制，其原则如左：

凡军事区之大小范围，以周围四日行程为原则，不必区区相连，其人口过密过疏之地点，另定之。凡在军事区范围以内之人民，负有兵役义务。

兵役义务为十二年，自二十岁起至三十二岁止。

服役义务为二年，每年三个月共六个月。以阳历十一、十二、正三个月为准。应召义务，十年间共四回，一回约一个月。

此项正规兵，以十年间完成。每年应征集十六万人。第二年终之在营最大给养额为三十二万人。

服役时期中，仍给月饷，月约三元。被服粮食由公给。

三曰，义勇兵。人数不定，即凡中学校毕业曾受军事教育者，战时得自以志愿呈请本区司令部，服特种勤务。

此外尚有数事应注意如左：

（一）物质上之准备。一为兵器，上海、广州、四川之兵工厂，应改为民间工业之用，而于太原设兵工厂，俾与巩县、汉阳成三方面兵器补充之根据地。二为装备，武胜关、兖州附近，应特别设辎重材料厂等，俾南方兵力移动至北方时，得相当之准备品。三为交通，沿津浦京汉间之东西行国道及河流，应先着手整理。四为要塞，东部各据点，视形势之必要，得为要塞之设计，其要点另详。

（二）内部治安之责任。此事若径付诸民事长官，则势有所不能。若以付诸军事区之司令官，唯独区域范围有过大之害，且将此基干队绝对变为驻防性质，有事时，将无一兵之可动。以吾计则内部治安，当分任其责，即镇压防守之责任，应绝对责诸民事长官，惟有大部匪徒，非剿不可者，则始用干队限期以集事，此为现在过渡时代之办法。其实此百二十个区域既定，则匪之区域，天然自会缩小，盖彼只能活动于网眼以内，而不能活动于网眼以外也。

此种制度，实一种军事的教育化，与其谓为军事的变态组织，毋宁名之曰学校的变态组织。其优点在以少数之费用得确实之自卫方法，所谓国防上之经济效率，全世界均同此趋向者也。此稿初成，乃得最近之日法美各国之军制改革计划大要，则其大致乃相差不远，而尤以美国目下之制度为相近。乃知此后世界之军事趋势殆将殊途而同归。而中国除甘心沉沦，不欲自列于世界中之一国外，则舍此之外，别无他途可走也。

第二章　军国主义之衰亡与中国

一二年来"军国主义"四字,已成为社会上之共同攻击目标,此其原因有二:

(一)十年来武人政治之结果,社会纷扰,民生困穷,而武人自身之贪暴,尤为国民指摘之媒。

(二)欧战之兴,西方则感于德军之横暴,东方则感于外交之失败,而军阀派侵略主义之罪恶,遂为一种鼓吹敌忾之用。

此二种立脚点,盖绝对不能相混同,然言论既处于不自由之地位,谈外交则须避德探之嫌疑,谈内政,则须避过激之徽号,不得已,借德国之失败,乃为之大张旗鼓曰"军阀灭亡!"曰"军国主义失败!"盖一种象征文字也。故终始不见有一种斩绝明了之议论。

吾今试发一问曰:"公等竞言废军阀矣,今若有人焉,一战而侵地复,再战而藩服兴,公等将欢迎之乎?抑反对之乎?"反对之,则是承认侵地藩服之当然割于人也。欢迎之,则是固军阀之开山祖也。

是故攻击外国之军阀为一事,责备国内之武人又为一事,虽然,吾文宗旨乃不在攻击军阀,亦不在责备武人。

何以故？著之空言，不如见之行事之深切著明也。彼军阀与武人，方且日日以事实宣布其罪状于国民及世界之前。其倾全力以自杀也，惟恐其不速，惟恐其不极。吾人于此，而乃以空言责之，于势为不必，于情为不忍，即哀矜焉，为之垂涕而道，而于事亦无补者也。

吾之宗旨，乃在表明此后世界之军事潮流乃与我中国民族之特性及历史在在相吻合，而国家之未来乃日日在光荣之进步中，使吾国民于此可以得无量之欢喜与慰安者也。

自世界交通以来，人类对于国家之观念，大别为三种：

一、以国家存在谓不必要者，以为人类之幸福，发生于互助。互助者，人与人之关系，而家，而市，而邦，而国，皆不过一种历史上之过渡，然以经济制度之关系，而国家一物，乃为人类互相残杀之根本。是谓极端之"大同主义"。

二、承认自己国家之存在，而同时以同等之理由，承认他人国家之存在，而尊重之者。法国卓莱氏所谓"大国家主义"者也。

三、承认自己国家之存在，而同时否认他人国家之存在，以为他人国家之存在，根本上与自己国家存在不相容。此则近世所谓德国学派之"国家至高主义"者也。（国家至高云者，寻常对国内之个人言，其实为否认他人之国家也）

原欧美国家成立之方式，则亦有三种：

一、君主统率其民众而使之团结者，如拿破仑及其以前之法国是也。

二、由人民个性之向上，而自行团结者，如今日之法美是也。

三、有贵族上挟君主，下率平民，而团结成为国家者。如战前之英德是也。

军国主义者，以第三种贵族国家之形式，而实行第三种国家最高主义者也。故其成立之要素，有绝对之条件二、相对之条件一。

绝对条件：

一、贵族政治。国内有多数之贵族，其组织之坚强、道德之高尚，足以统率全国国民，而其时人民，适当旧历史之信仰未去，而新世界之智识初开。

二、侵略主义。国外有明了之目标，以为侵略主义之根本，而国民对此目标，有历史上之遗恨，故能于时间空间上，为统一之行动，而能成功。[1]

相对条件：

一曰地狭，二曰人稠，三曰国贫，狭则便于组织，稠则富于供给，贫则国民自身感于侵略之必要。在历史上求此种条件理想的适合者，则为十九世纪上半期之普鲁士，二十世纪初元之日本。而其军事制度，则有特点二：

一、厉行阶级的强迫的军事教育。盖贵族制度，以阶级为团结之唯一要义也。

二、维持极大之常备兵。盖侵略主义，以攻击速战为成功之条件也。

是故军国主义者，姑无论其于理为不正当，于事为不成功。

---

〔1〕所谓"世界政策""大陆政策"者，皆侵略主义之进一步而失其目标者也，其结果，对内则目标消灭，而国民之统一力不坚，对外则遭群强之忌刻，而协以谋之，故其失败可操券而待也。

即正当矣，亦绝非吾中国之所得而追步者也。今日则事实既以相诏矣。三十年来，弃其固有之至宝，费高价，购鱼目，而且自比于他人之珠！呜呼！此亦拜邻之赐多多也。

我国家根本之组织不根据于贵族帝王，而根据于人民，我国民军事之天才，不发展于侵略霸占，而发展于自卫，故吾今者为不得已乃创左之宣言。

我国民当以全体互助之精神，保卫我祖宗遗传之疆土，是土也，我衣于是，我食于是，我居于是，我祖宗之坟墓在焉，妻子之田园在焉。苟欲夺此土者，则是夺我生也，则牺牲其生命与之宣战。

是义也，根诸历史，根诸世界潮流。

虽以孔子之学理，定君权于一尊，而终不能改尧舜禅让。汤武革命之事实，使后世之二十五朝，变而为万世一系君主之相继权，不操诸君主，而操诸人民，此真吾国体尊严之大义也。而秦汉以还，阶级制度消灭殆尽，布衣卿相，草莽英雄，而农民自由，尤为吾中国国家社会之根本。以视彼欧人，侈言自由，而农奴制消灭，仅仅在六十年前者，何可同日语。故一部二十四史入于帝国主义时代之眼中，为一片失败羞辱史，入于民主社会主义时代之眼中，则真一片光荣发达史也。

若夫军事天才，则孙子实首发明"能为不可胜，不能使敌之必可胜"之原则（欧人兵略之精者，孙子多言之，而孙子此义，则吾遍读各大兵学家之书未之见）。而自华元守宋，乃若赤壁之战，睢阳之守，而坚壁清野，而保甲团练，乃至近世湘军之兴，盖皆寓积极于消极之中，利用国民自卫之心以卫国，而无不有成。盖历史之遗传，与环境之影响，使我国民视侵略为不必要，自卫为当然权利,其至高之道德,乃适为今日与世界相见之用也。呜呼,岂不伟哉![1]

是故吾中国之不得志于十九、二十世纪之交,则事理之当然者也,何也?性不适于军国主义也。虽然,侵略政策,国家主义,终有一旦之自毙。故欧战一起,而世界之新局面开!今姑就军事范围言:

欧洲百年来军事组织,以德法为两大宗。今试问德国,此后之军事,将何适之从?将惑于外患而仍奉其权于贵族乎?事固有所不可。将以除贵族之压制,乃欢欣鼓舞,悉悉唯他人之命是听乎?心固有所不甘。然则必出于一途也可知矣。曰:发达其国民之个性,利用其乡土观念,以自卫是已。军事进化之潮流,必由专门性而递入于普通性。十八世纪之募兵,专门职业家也。十九世纪之征兵,则渐进为普遍性,唯组织根据,仍在贵族与阶级耳,而二十世纪之国防责任,乃不在精练之兵,而在健全之民。其一切制度,亦将变为社会之普通物。此则欧战时,美国已为之开先例。而德人受条约之束缚,将舍此莫由者也。

然则法国战胜国也,可以维持其军队矣!信如是也,则吾敢决二十年后,法必为经济之亡国。呜呼!吾读卓莱氏之《新军论》[2]而怦然心动也!卓莱为社会党首领。以极端反对战争之

---

[1] 虽以侵略主义之国家,亦必借"国防"二字以自掩饰。虽然,充其国防之意义,则虽全太阳系为其军略上所占领,而未有已也。甲与乙邻也。乙不得,则甲危,固也,乃得乙,乙又与丙,丙又与丁,其邻也,乃相续于无穷。则虽占领太阳系,而此外之恒星犹无穷也,此种国防政策,他人不之信,即自身之国民亦不之信,自欺欺人,以盗灿烂之勋章而已。

[2] 原名为《国民之防御与世界和平》。

人，而生于不能不战之国。彼乃于两极之间，为法国，为世界，战后之军制，立一大原则。其大意以瑞士之国民兵制度为基础，以少数之干队，为全国军事之教育机关。废二年兵役，而以其一年半之教育，分十年，注入于国民教育之内。今战后布置，虽未获其详，而复员后半减其现役额，奖励青年团，移军事教育之重心于小学校，则其政策端绪之可见者也。

是故新军国主义者，根诸历史，根诸世界潮流，而其办法，则别大纲为二：一、撤销常备军，以少数之干队，立国民军之基础。二、实行平等教育以互助代阶级，不求得精练之兵，而求得健全之人民。

至于从中国现状言，吾侪所最感危险者。即邻近富于侵略性的国家。刘玄德有言："今与我争天下者曹操也，彼以诈，我以仁，必事事与之相反，乃始有成。"我侪对敌人制胜之唯一方法，即是事事与之相反。彼利速战，我持之以久，使其疲弊；彼之武力中心，在第一线，我侪则置之第二线，使其一时有力无用处。

惟所谓"国民防御"，所谓"国民自卫"，乃指国家军事之大方针而言。与战略上、战术上的攻势守势不可相混，上文所谓自卫主义，侵略主义之利害，不能以之作战略战术上之攻击防御利害解，而军事上之自卫主义与军事教育上的攻击精神，不仅不相妨害且有相得益彰之理。兵略上攻击精神是战胜唯一要件。但攻击精神，如何才能发展？用兵是用众，凡群众运动之要诀，第一在目的明了理由简单。国民为自己生命财产，执戈而起。此是最简单之理由，最明了之目的，是为攻击精神之核心。苟培养得宜，即开花结果。德国此次战败之原因。自兵略言，即是目的不明了，理由不简单。自宣战理由言之是攻俄，自军事动作言之则攻法，自最后之目的言，则在英。失败之大原因，即完全因侵略主义。野心者视此土既肥，彼岛更美，南进北进名曰双管齐下，实是宗旨游移，而其可怜之人民只有一命，则结果必至于自己革命而后已。

第三章　义务民兵制草案释义

　　义务民兵制草案者，法国前社会党一首领卓莱氏采瑞士之义务民兵制度，按诸法国国情而改良之，欲以提出于议院者也。为鼓吹此种制度，乃著一书曰《新军论》，一名《国民之防御与世界和平》，其大要，以为吾人确信战争为一种罪恶，吾人确信侵略主义必终失败，虽然吾人乃日日在被战争侵略威胁之中，呜呼！此法国战前之形势，抑何与中国相类也。又以为国民为军事上负至大之牺牲，而究其实质之所得，乃适相反，是自杀也。此则中国今日形势，虽较法尤为过之，而不知其几倍者矣。

　　卓莱氏以反对战争之人，而生于不能不战之国，方欧战之初起，拟往比利时开万国社会党同盟大会，用全欧罢工政策，以阻止战事之发生，而法人乃激于敌忾者，以其主张和平反对之，卒为狂汉刺死。时千九百十四年[1]九月一日也，志士多苦心，此之谓矣。然其《新军论》，于法国之自卫主战及方法，深切著明，欧战后不胫而走全欧，今英德二国，尤乐诵其书焉。

　　世界各强国之军队事业，姑无论其为侵略，为自卫，其朝夕

---

[1] 即1914年。——编者注

之所汲汲皇皇者，盖实为教育一事，平时之法令章制，亦大多数根据于是，此草案则亦一种教育方案也，彼其责任，即实行此方案责任者，义属诸民治方面者盖较军人方面为尤重，谓之为武人之文化可，谓之为文人之武化，亦可也。

抑愚尤有感焉。卓莱氏以政党之魁，而对于兵事上知识之完备，眼光之正确，专门家且惭焉。则信乎法国议员之可以任陆军总长，而赳赳者乃悉降心焉。盖惟政治家教育家等能共负此自卫国难之责，不以此至难之业，至高之名誉，专付之军人，而后武人偏僻之见可以消，专横之弊可以免，呜呼！此亦一治本之策也，世之君子，盍其念诸。

义务民兵制草案（法社会党首领卓莱氏拟）[1]

第一条　凡健全之民，自二十岁至四十五岁，皆有协助国民防御之责，自二十岁至三十四岁为常备役；自三十四岁至四十岁为后备役；自四十岁至四十五岁为守备役。

第二条　常备役人民组为若干师，各师按其所辖之地段，组织其征募区，各师组织以若干步兵团为主，而辅之以骑兵队、炮兵队，及工兵队。步兵团分为若干步兵营，步兵营更分为若干步兵连，骑兵团分为若干骑兵连，炮兵团分为若干炮兵连。

第三条　按人民之居住地段，划定军队之初级部队，每初级部队人员，以于同一地段内征募之为常例，然无论何时为充足骑炮工等特种兵之初级部队人员起见，得扩充此征募地段，但以不超过其师团之征募区为限。

---

〔1〕此文为刘文岛、廖世勋译。

第四条　常备兵之教育，凡三种：曰儿童及青年之预备教育，曰新兵学校之教育，曰定期召集之教育。

第五条　预备教育，为自十岁至二十岁之儿童及青年而设，其主旨不在造就一军事速成生，而在夫致其身体之健康与活泼。其方法，先教以徒手体操，各种步伐，协同动作，敏捷及巧妙的游戏，射击练习等；然后按顺序，教以击剑乘马等，俾与日常之合规操作相融习，期以激发其竞争心，以期随各人之天禀，而发展其机能之力，以期疗治，或预防其身体之损坏。负管理及检查此生理的教育之责者，为所属部队之军官及下士官；为官立私立各学校之教员；为地方医生；为三十人军事改良顾问会，此三十顾问由各团征募区以普通选举选出之，所以代表各种兵者也。

凡青年乘马须于教员指导之下行之。

凡教员为克尽此生理的教职计，须在师范学校受过特别的教育。

凡儿童及青年被召集演习时，为其家族者，须教训其子弟，周慎热心以从事。儿童及青年之懒惰性成者，将科以种种刑罚，或于一定期间内禁止其从事公职，或延长其新兵学校之在学时间。

对于最热心最进步之个人及团体，奖赏之，褒扬之。

第六条　凡青年满二十岁至二十一岁时，则使其入最近卫戍地之新兵学校，按其兵种，或教以步兵连演习，或教以骑兵连演习，或教以炮兵连演习，学期皆以六个月为限。

此六个月教育，或一次受之，或前后两次受之，然两次分受时，须于一年以内完了之。受此教育之召集时机，须注意选定之，以能于野外演习利用各种地形为度。

由新兵所形成之教育团体，非为一有机的且常设的部队，新兵教育受了之后，则各散归如第三条所述初级部队之居住地段。

第七条　常备役人民于新兵学校毕业后，尚有十三年之勤务；十三年中召集从事于演习者凡八次，四次为小部队演习，四次为大部队演习，两者更番举行，是为常例。小部队演习期限凡十日，于其本地或本地邻近举行之，大部队演习期限凡二十一日，于较远之地及军队野外暂驻所举行之。

军队野外暂驻所须增设之，俾四倍于现有之数。

凡在同一部队之人民须同时召集之。

凡军官下士官及军事改良顾问等，须勉励兵卒于规定演习之外，常热心练习行军射击等事。

各兵卒自藏军服于家，如有损坏，须负赔偿之责。

东边各省（即德国接壤）各兵卒，须藏兵器于家。炮兵储藏所及骑兵储藏所，须分设于其各地。又须于其地建设纵横辐辏之各种道路，俾火车无轨列车自动车等来往敏捷，输送频繁，则一旦临事，其地人民始能迅速动员，即刻集中；以掩护全国之一般集合，飞行机等亦须集中于其地。凡全国飞行人员学习三个月后，皆当赴其地之军队野外暂驻所，补习飞行，以完全其教育。

第八条　军官由两部而成，其一即下士官与本职军官，其他即下士官与民事军官。

唯本职下士官担任新兵学校之教育。

新兵在学三个月后，则选择其能干者，为下士官职务之准备。选择时，以其在预备教育时代之成绩，在新兵学校之行为，及其普通教育之程度为标准。

下士官教员委任之，委任时须得团委员会之同意。团委员会之会员为团长,各级军官之代表,由普通选举,选出之军事改良顾问等,下士官候补生在新兵学校准备三个月后,若认合格,则送入下士官学校肄业;三个月毕业后,则派赴各该候补生居住地段之部队,或其居住地段邻近之部队,充当下士官。

无论何人不能辞却此种委任,被委者若不愿意,强制之。

下士官学校之学生,受相当之日俸。

下士官执勤务时,须予以相当之俸给,久于其职之下士官,无论其从事于何项公职,均得以下士官名义,领受资深奖金。民间厂主店东等,须为下士官组织师会社,适应各下士官之性能,予以相当之位置。五十以上之下士官,得受养老年金,士官之缺,须以下士官之资深者升补之,下士官之多数,终升为少尉或中尉。

第九条　军官额三分之一为本职官。

各种劳动会社如劳动委员会,如劳动协助会,如劳动共济会,等等,均得供给学费,为其会员优秀子弟之军官准备教育费。

法国重要之大学凡六,以各大学所在地为根据,划分全国为六区,即各区之大学内,各设一军事研究班,凡有学士文凭之青年,试验及第而又受过新兵学校六个月之教育者,得入此军事研究班肄业。

此军事研究班,四年毕业,教以各兵事之特别学术,其学员除军事学外,应竭力随同大学之普通学生研究历史、文学、哲学、社会、经济学,以及其他高等科学,以为他日管理指挥新兵学校之用。学员在学期间,受国家之日给,其家属贫者,亦得受补助费,四年毕业之后,则授以少尉,或使教育新兵,或使指挥部队，或同时使兼两职，其于大学之年度，则按毕业之先后计算。其资深者得尽先补充大尉之职，此等少尉晋级之先，须在大学军事研究班最少受过二十日之特别教育，为升级之准备。

关于军事教育问题，大学校得开陈意见于军官，或军官团，本职军官，有会同教员及由军事改良顾问会所选出之委员监视预备教育之责，且有助成民事军官教育之责。

军官试验及第之后，得入陆军大学。陆军大学者，所以养成高级军官之人才，所以养成参谋职务之人才，所以整顿划一各大学军事研究班之教育。陆军大学之课程，须陆续授予各大学之军事研究班。

第十条　军官额三分之二，为民事军官，民事军官征选于民事下士官之中，供职于其居住地段之部队，或其居住地段邻近之部队。

凡人民或于大学或于省城，受过军事特别教育者，则给予一种军学文凭，有此文凭者，得连续取获军官之职，得享受资深奖金，无此文凭者，不得授医生、律师、工程师、教员之文凭。

民事军官亦得受俸给，久于其职者，无论其从事何项公职，亦得以民事军官名义领受资深奖金，五十岁以上者，亦有受养老年金之权。下士官被任为军官时，无论何人不得辞却此委任，如志愿候补者不足时，或志愿候补者程度不足时，得强制征选以足其额。

第十一条　军官升任分为两种，一曰叙升，一曰选升，如民事军官之任命，其一半即自军官中之有军学文凭者叙升之，其他一半则自无军学文凭之下士官中之能干者选升之，大半选升为少尉及中尉。少尉中尉以上，不得由下士官中选升之，然为数渐少。

第十二条　军官升任，须按表行之，此表之造成者，为团委员会及师委员会。此等委员会之会员，为团长、师长、各级军官之代表、由普通选举选出之军事改良顾问等，如需投票时，以上各会员各有一投票权。

第十三条　军官年龄达三十四岁以上者，依其志愿仍可供职于常备兵。然有供职于后备兵及守备兵之必要时，则须供职于后备兵及守备兵之部队，且值必要时，得同时兼常备兵、后备兵、守备兵、各部队之职。

第十四条　后备兵部队由满三十四岁至四十岁人民之隶属于邻接的常备兵部队者而成。守备兵部队由满四十岁至四十五岁人民之隶属邻接的后备兵部队者而成。后备兵部队及守备兵部队之军官，或为在常备兵部队之旧军官，或为常备兵部队之下士官直接升任者。

第十五条　陆军总长关于军队之集中，粮饷器械之运搬储藏等，平昔须为一切必要之处置。俾一旦临事，常备兵能完全利用，以作第一线之军队。

第十六条　此种军队，为防卫国家之独立，攻击敌人之侵略而设，战争非由于防卫，则是一大罪恶，政府竭尽调处手段，而相对国家不受调处，或调处不谐，至不得已而宣战，则此种战争始可谓为防卫的战争。

第六篇

中国国防论之始祖

缘起

往者在东,得读《大战学理》及《战略论》诸书之重译本,尝掇拾其意义附注于《孙子》之后,少不好学,未能识字之古义,疑义滋多焉。庚戌之秋,余将从柏林归,欲遍谒当世之兵学家,最后乃得见将官伯卢麦,普法战时之普军大本营作战课长也。其著书《战略论》,日本重译者二次,在东时已熟闻之矣,及余之在德与其侄相友善,因得备闻其历史;年七十余矣,犹好学不倦,每岁必出其所得,以饷国人。余因其侄之绍介,得见之于柏林南方森林中之别墅。入其室,绿荫满窗,群书纵横案壁间,时时露其璀璨之金光,而此皤皤老翁,据案作书,墨迹犹未干也。余乃述其愿见之诚,与求见之旨。将军曰:"余老矣,尚不能不为后进者有所尽力,行将萃其力于《战略论》一书,今年秋当能改正出版也。"乃以各种材料见示,并述五十年战略战术变迁之大纲,许余以照片一,《战略论》新版者一,及其翻译权。方余之辞而出也,将军以手抚余肩曰:"好为之矣,愿子之诚有所贯彻也,抑吾闻之,拿破仑有言,百年后,东方将有兵略家出,以继承其古昔教训之原则,为欧人之大敌也。子好为之矣!"所谓古昔之教训云者,则《孙子》是也。(是书现有德文译本,余所见也)顷者重读《战略论》,欲举而译之,顾念我祖若宗,以武德著于东西,犹复留其伟迹,教我后人,以余所见菲烈德、拿破仑、毛奇之遗著，殆未有过于此者也。子孙不肖，勿克继承其业，以有今日而求诸外，吾欲取他国之学说输之中国，吾盍若举我先民固有之说，而光大之。使知之所谓精义原则者，亦即吾之所固有，无所用其疑骇，更无所用其觍愧。所谓日月经天，江河行地，放诸四海而准，百世以俟圣人而不惑者也。嗟夫！数战以还，军人之自馁极矣，尚念我先民，其自觉也。

计篇
总说
此篇总分五段，第一段述战争之定义，第二段述建军之原则，第三段述开战前之准备，第四段述战略战术之要纲，第五段结论胜负之故。全篇主意，在"未战"二字，言战争者，危险之事，必于未战以前，审慎周详，不可徒恃一二术策，好言兵事也。摩尔根曰："事之成败，在未着手以前，实此义也。"

第一段

兵者，国之大事；

毛奇将军自著《普法战史》开章曰："往古之时，君主则有依其个人之欲望，出少数军队，侵一城，略一地，而遂结和平之局者，此非足与论今日之战争也；今日之战争，国家之事，国民全体皆从事之，无一人一族，可以幸免者。"

克劳塞维茨著《大战学理》第一章，战争之定义曰："战争者，国家于政略上欲屈敌之志以从我，不得已而所用之威力手段也。"

伯卢麦《战略论》第二章曰："国民以欲遂行其国家之目的

故，所用之威力行为，名曰战争。"

案：既曰"事"，则此句之兵，即可作战争解，顾不曰战而曰兵者，盖兼用兵（即战时运用军队）、制兵（即平时建置军队）二事而言之也。兵之下即直接以国字，则为《孙子》全书精神之所在，而毛奇之力辟个人欲望之说，伯卢麦之一则曰国民，再则曰国家之目的，皆若为其注解矣，岂不异哉。

死生之地，存亡之道，不可不察也。

案：死生者个人之事，存亡者国家之事，所以表明个人与国家之关系，而即以解释上文之大字。察者，审慎之谓，所以呼起下文种种条件。

第二段

故经之以五事，校之以计，而索其情：一曰道，二曰天，三曰地，四曰将，五曰法。

此段专言内治，即平时建军之原则也。道者，国家之政治。法者，国军之制度，天地人三者，其材料也。中国古义以天为极尊，而冠以道者，重人治也（即可见孙子之所谓天者，绝非如寻常谈兵者之神秘说）。法者，军制之根本，后于将者，有治人无治法也。五者为国家（未战之前）平时之事业。经者本也，以此为本，故必探索其情状。

道者，令民与上同意也。故可与之死，可与之生，而民不畏危；

毛奇将军《普法战史》第一节，论普法战争之原因，曰："今日之战争非一君主欲望之所能为也，国民之意志实左右之。顾内治之不修，党争之剧烈，实足以启破坏之端，而陷国家于危亡之域。大凡君主之位置虽高，然欲决心宣战，则其难甚于国民会议，盖一人则独居深念，心气常平，其决断未敢轻率。而群众会议，则不负责任，易于慷慨激昂。所贵乎政府者，非以其能战也，尤贵有至强之力，抑国民之虚骄心，而使之不战。故普法之役，普之军队仅以维持大陆之和平为目的，而懦弱之政府（指法）适足以卷邻国（指普）于危亡漩涡之内。"

此节毛奇所言，盖指法国内状而言也，拿破仑第三[1]，于俄土奥意之役，虽得胜利，仅足以维持其一时之信用，而美洲外交之失败，国内政治之不修，法国帝政日趋于危险，拿破仑第三欲自固其位，不得不借攻普之说，以博国民之欢心，遂至开战，故毛奇曰"懦弱之政府"云云。

《普奥战史》第一章摘要，自拿破仑之亡，普人日以统一德国为事，所持以号召者则民族主义也。顾奥亦日耳曼族也，故普奥之役，时人谓为兄弟战争，大不理于众口，而议会中方且与俾斯麦变为政敌，举前年度之陆军预算而否决之。1866年春夏之交，普人于战略政略之间乃生大困难，盖以军事之布置言，则普国着手愈早则利愈大，而以政治之关系言，则普若先奥而动员，

---

[1] 即拿破仑三世。——编者注

微特为全欧所攻击，且将为内部国民所不欲。（西部动员时，有以威力强迫始成行者）普王于是迁延迟疑，而毛奇、俾斯麦用种种方法仅告成功，苦心极矣。数其成功之原因，则一为政府之坚忍有力，二为平时军事整顿之完备，三为军事行动之敏捷，卒能举不欲战之国民而使之能战。

案：本节文义甚明，所当注意者为一"民"字，及一"令"字，民者根上文国家而言，乃全体之国民，非一部之兵卒也。令者有强制之意，政府之本领价值，全在乎此。

正式之文义，例子亦不胜枚举，兹特举普法战役之例，以见国民虽有欲战之志，而政府懦弱不足以用之，卒至太阿[1]倒持，以成覆败之役。特举普奥战役之例，以见民虽不欲战，而政府有道，犹足以令之，以挽危局为安全，可见可与之死，可与之生两句，绝非寻常之叠句文字。与民死，固难（普奥之役之普国）；与民生，亦不易也（普法时之法国）。

> 天者，阴阳、寒暑、时制也；地者，远近、广狭、死生也；

案：观下文天地孰得之语意，则知此所指，乃天时地利之关于国防事业者，曰阴阳，曰寒暑，曰远近，曰广狭；皆确实之事实，后人乃有以孤虚旺相等说解天字，而兵学遂入于神秘一门。神秘之说兴，而兵学晦矣（另有说），而不知孙子时固未尝有此说也。

时制云者，时，谓可以用兵之时，制，限也，谓用兵有所限

---

[1]太阿剑。——编者注

制也，如古之冬夏不兴师之谓。日俄之役必择正二月中开战，预期冬季以前可以求决战等类是。

将者，智、信、仁、勇、严也。

克劳塞维茨《大战学理》论军事上之天才文，摘译如左。

细论

（甲）勇

战争者，危险事也，故军人第一所要之性质为勇。

勇有二：一为对于危险之勇，一为对于责任之勇。责任者，或指对于人而言，或指对于己之良心而言。兹先论第一种对于危险之勇。

此勇又有二：有永久之勇，有一时之勇。永久之勇，为不惧危险，此则或出于赋禀，或成于习惯，或由自轻其生命而生，要之皆属于恒态，永久的也。

一时之勇，由积极之动因而生，若名誉心、爱国心，及其他种种之感奋而出者是也。此种之勇，要不外乎精神之运动，属于情之区域，为非恒态。

二者效果之异，可无疑矣。恒态之勇，以坚固胜。所谓习惯成自然，无论何时，不离其人者也；感情之勇，以猛烈胜，而不拘以时。前者生节操，后者生英气，故勇之完全者不可不并有此二者。

（乙）局面眼（慧眼）　果断

战争与劳动困苦相连，军人欲忍而不疲者，则其身心不可不具有一种堪能之力。人苟具此力，而不失其常识，则已适于战争之用，吾侪尝见半开化之国民中，颇有适于战争者，不外具此力也。

若进一步而为完全之要求，则军人不可不有智力。

战争者，推测之境界也，凡事物为军事动作之基础者，其四分之三，常不确实。譬在云雾中，或浓或淡，唯有智力者能判断之，于此中而求其真。寻常之人，或亦偶得其真，又有以其非常之勇，而补其智之所不及者，偶然而已。若综合全体而论，其平均之成绩，则不智者，终不能掩其所缺。战争者，不虞之境界也。人生事业中最易与意外之危险相触者，莫如战争，主将于此不能不为之稍留余地，而诸状况不确之程度愈增，事业之进步亦愈困难。

情况之不明，预料之不确实，与意外之事变，常使主将生"所遇者恒与所期不相侔"之感。而影响即及于各种计划，其或竟举前计直弃之，而易以新，而一转瞬间，新计划之根据又不见完全。盖战状云者非一时尽现，日有所闻，日有所异，而此心常惶惶于所闻所异之中。

当此而能镇定者不可不具二种性质：一曰智，智者如行路于黑暗之中，常能保有一点之光明，而知本线之在何方者也。一曰勇，勇者使人能借此微弱之光明，而迈往前进者也。彼法人之所谓局面眼（慧眼）者，此则谓之果断。果断云者，勇其父而智其母。

此法语之所由生，盖谓战争以战斗为主。而战斗则以时间及空间之两要素为体。当时骑兵之使用，及其急剧之决战，凡一切皆以迅速及适当之决断为成功之要诀。而形容此时间、空间之目测力，谓之为慧眼。兵学者，迄今以此古义释慧眼者不少，盖凡动作迫切之时而能下适当之决断者，无非由此慧眼而生，例如发现适当之攻击点等，则尤可见慧眼云者，非仅谓形体上之目，实兼指心目而言者也。

由慧眼乃生果断，果断云者，则所谓责任之勇也，又得云精神之勇，法语名之曰心勇，以其由智所生故也。然此勇之生，虽由于智，而其动则不由于智，而由于情。盖智者不必有勇，且多智之人，往往有临难而失其决断力者，吾侪所尝见也。故智尚矣，尤赖于情之勇。大抵人当危急之秋，与其谓为智所左右，毋宁谓为情所左右也。

临事之苦于疑虑，尤恐其陷于犹豫也，则果断要矣。世俗常以冒险、大胆暴虎冯河之勇为果断，然吾侪则以为若不具完全之理由，绝不许以果断之称。完全之理由，则由智力而得者也。

果断生于智，而成于勇固矣。然观察之智，感情之勇，仅曰兼也，实犹未足。所贵者，则二者之调和力也。世有人焉，其心目颇能解释困难问题，而平生当事，亦未尝无勇；顾有一临应行果断之机会，而忽失其能力者，则智力不融洽，故不能交互而生第三者之果断也。彼无智者，即遇艰难，未尝思想，即无忧虑，幸而成功，则例外也。

是故吾辈论果断者由智力之特殊方向而生，与其名之曰英迈，毋宁谓为强硬之脑髓，佐之事实则足以证之。即在下级官时，颇能决断一切，一旦晋级稍高，即失其固有之能力者，盖此种人明知不能果断之害，而目下所遇诸事务，又非从前所习惯，而固有之智力，遂失其作用也。此其果敢之动作，习之愈久，犹豫之危险愈大，见之愈明，而决断力之萎缩乃愈甚。

常住心（恒）

性质之邻于果断者为常住心。当不意之事变能得正当解决（此属于智），而急危之际能保守其固有之宗旨者也（此属于情）。固不必属于非凡之列，盖同一事也，出诸深思熟虑之余，则为平淡无奇。而当急剧之际，乃仍不失其深思熟虑之态度，则常住心之所以可贵也。此种性质，或属于智之活动，或属于情之平衡，则视际会之何如以为定。顾智与情，二者苟缺其一，则失其常住心。

（丙）不拔、坚固、忍耐、感情及性格之强健

战争者，由四原质所成之蒙气围绕之，曰危险，曰形体之劳苦，曰不确实，曰不意是也。入此蒙气中而能兼确实之动作与完全之成就者，不能不有赖于智力交互之力，战史所称述之不拔、坚固、忍耐等，要不外由此力之变化而出。简言之，则诸英雄此种性质之表现，不过自唯一之"意志力"而出。顾其现象，则相似而不相同。试分析如左。

欲使读者之想象易于明了，不可不先提起一问，曰："凡重量、负担、抵抗等之加于主将之心上，而足以挑起其心力者，何耶？"答之者必曰：此种重量未必即为敌人之行为也，盖敌人之行动，直接及于兵卒而已，与指挥官不相触。例如敌若延长其抵抗之时间，由二时至四时，则指挥官唯使其部下加二时之形体危险而已。此种数量，则地位愈高，价值亦愈减，在将帅之地位言，则战斗延长二时之差，又何足论？唯敌之抵抗，次第影响于主将所有之诸材料（合人员材料而言），抵抗愈久，消耗愈多，则间接及于指挥官之责任问题，则是主将所痛心，而意志之力因之触发者也。

然指挥官负担之最重且大者犹不在此。

当军队犹有勇气，犹有好战之心，则动作轻快，其劳指挥官意志之力者盖少。战况一及于困难，则如平常随意运转之机关，忽生一种抗力，非敌人之抵抗，而我兵之抵抗也，非必其抗命抗辩也（当是时抗命抗辩亦时时有之，兹所云者指概况言）。

流血既多，军队之体魄、道德诸力均为之沮丧，忧苦之情起于行列之间，而此情遂影响及于指挥官之心，主将于此仅持我心之不动未可也，尤贵逆众庶之心而支之。众庶之心力，既不能自支，则其意志乃悉坠于将帅一人之上。众庶之希望冷矣，则由主帅胸中如燃之火而使之再温；众庶之未来观暗黑矣，则由将帅胸中皎洁之光而使之再明，夫如是始足以成功。非然者，将帅将自失其心力，而众庶将引将帅而堕于自卑之域，世有因危险而忘耻辱者，此其由也，是为将帅不可不支持之最大抵抗，此种抵抗，人愈多则愈长，地位愈高则愈重。

凡临战所以激人之感情者甚伙，其能最久而有力者，莫如名誉心。德人于此语附以好名之鄙义，盖谓滥用之，易生不正之动作者也。然溯此心发动之源，实属于人性中最高尚之域，而为战争中发生动力之枢纽。彼爱国、复仇诸感奋，或则高尚，或能普遍，或能深入，然不能驱名誉心而代之。盖爱国心等为全军所共有，非不高尚也，而主将于此则无由自别于群众。而不足生其较部下为更大之企图，名誉则按其等以差，而各种机会、各种动作，皆若为各人所私有，无不思所以利用之，以名誉为产业，而各极其鞭策竞争之致，则成功之由也，古来有大将帅而无名誉心者乎？未之见也。

坚固者，于各事之冲突上所生意志之抵抗之谓；忍耐者，则意志抵抗之自时间上言者。二者甚相近，而其本则相异，盖坚固仅由于情之强，而欲其持久不变，则不能不借于智之彻，盖行为之继续愈长，则对于行为之计划亦愈密，而忍耐力则实生于智力之计划者也。

（丁）感情之强健

欲进论感情及性格之强健，不可不先释"强健"二字为何义。感情之强健云者，绝非谓感情猛烈，或易于激动之谓。不论何种感动激刺，而其人常能随智力为动作者，是为感情上强健。此性质果由智力而生乎？一疑问也。世有优于智力者，而忽为情所驱使，遂妄动妄作者。论者犹得曰智有大小广狭，而此必其小而狭者也，顾吾人则以左说为近于真。

当情之炽，而能随智为转移，吾侪名斯人以为有自制之能，此自制力则生于情者也。伟人当情至于激，则别生一种情以平衡之，而亦无害于前者之激，情得其平而后智力之作用现。顾此特别之情又何自生乎？曰生于自尊心，彼盖终身不忘为万物之灵也。故其动作不背于有智虑者之原则。吾侪以激情虽至极致，而犹能不失其平衡者，谓为感情之强健。

感情上之人物，大别为四类：第一种，为无情之人物；第二种，则情易动而常不逾矩，人所谓多情而静稳之人物；第三种，则其情易于刺激，一时虽猛烈，而消灭则甚易；第四种，则其情甚不易动，而其动也不急剧，必以时，顾一旦既动，则且强且久，既深且激。此四种之差别与体魄上亦大有关系，吾侪不欲以薄弱之哲学为高深之研究。但举此四类人而论断其于军事上之关系，兼以释明此感情上强健之义。

无感情者，容易不失其平衡，然不能谓感情强健，盖此种人全无发动力者也。其于军事上有偏颇之器能，用之得其宜，亦足以奏多少之功，顾不能得积极之效果，然亦不至于偾事。

第二种之人物，颇足以经营小事，而临大事则易为所抑压。例如，见一人之横祸，则能披发缨冠以往，而视及国运之将亡、民生之病苦，则亦徒自悲痛而不能自奋。此种人之于军事，其动作颇能和平，而不能建大功，其或智力出众，未始不可建特殊之事业，然而鲜矣。

情之易激而烈者，既不适于世矣，彼其长在于发动之强，而其短则在经过之速。此种人物若加以名誉心，则颇适于下级军官之用，盖其职务之动作，以短时间而告终也。鼓一时之勇以为大胆之攻击者，数分间事耳，反之一会战为一日数日之事，一战役为一年二年之事业也，则与此种人实不相宜，感情速而易变，一失平衡，即成丧气，是用兵者所最忌也。然必谓易于激动之人必不能保其感情之平衡，是又不然。盖易激之人，思想颇高，而自尊之情，亦即由之以生，故其事之及于误也，则常惭愧不能措，故若裕以学问，加以涵养，阅历渐深，亦能及于感情强健之域。

大凡军事上之困难，犹若大容积物之压迫然，旋而转之，非大有力者不可，具有此力者，则唯此第四种具深潜激情之人，此情之动犹若巨物之前进，其速度甚小，其效果则甚大。顾以此种人为必能成功，则亦属误解。未开国之英雄，一旦因自制力之缺乏而挫折者，屡屡见也，是亦由其智力之不足，而易为情所驱使者也，然顾开明国中亦未始无之。

我侪于此不惮反复重言以申明之，所谓感情上强健者，非其情感发动之强之谓，当强情之发能不失其平衡，而动作犹为智力所支配，譬若大舟涉风，颠倒辗转，而罗盘之针尖，常能不失其方向，是为感情之强健。

（戊）性格上之强健

性格之强健云者，即人能确守其所信之谓。所谓信者，固不问其说之出于人，或出于己也。意见之变易，不必由于外来之事物，即一己智力之因果作用，亦足以生影响，故人若屡变其意见，则不能谓之为有性格之人。性格云者，确守所信，而能持久者也。如持久力或由于聪明之极或由于感觉大钝，其在军事，则印象及于感情者强，而所见所闻之变幻不可测，乃至于怀疑之，甚且举其已定之径路而逸出者，绝非与世间常事所能同日语。

战时而欲决行一事，其根据大都属于臆测，绝不明了。故各人意见之不同，亦以战事为最。而各印象之潮流，乃时刻迫其所信而覆之。此则虽毫无感觉之人，亦不能不有所触动。盖印象过激而强，则其势必将诉诸感情也。

故非见之极深，知之极明，则不能确守其固有之原则，以指导一切。唯原则与事实，其间常有一种间隙，弥缝于其间者，则不仅持推测因果之智，且有赖于个人之自信力。故吾人当动作之始，不可不先有万变不离之信条，苟能确守信条，不为物动，则行为自能一贯，此则所谓性格之强健也。

感情能常得其平衡，则大有助于性格，故感情之强健者，其性格亦多然。

吾侪于此，又不能不举类似此性之执拗（愎）一言之。

执拗云者，人之所见愈于己而拒绝之之谓。既有能力足以自成一见解，则其智力必有可观者在，故执拗者非智之失而情之失也。盖以意志为不可屈，受他人之谏而不快者，要皆由于一种我见。我见云者，所谓"予无乐乎为君，惟其言而莫予违也"。世有顾影而自喜者，其性质实与执拗类，其不同者，彼则在外观而此则在事实也。

故吾人以为感情不快之故，而拒绝他人之意见者，是为执拗，是绝不能谓为性格之强健，执拗之人往往以智力不足，而不能具强健之性格者。

案：克氏此说，其论果断为智勇交互之结果，及名誉为坚忍之原动等，精矣详矣，顾仅足似解原文之半，何者？盖克氏之说，专为临战而言，而《孙子》之五字合平战两时而兼言之也。曰信，曰仁，曰严，盖实为平时所以得军心之原则，在近日之军制度修明，教育精密，则有赖于主将之德者较少，三者之用不同，而其极则为众人用命而已，此则军纪之本也。

法者，曲制，官道，主用也。

案：曲制者，部曲之制；官道者，任官之道；主用者，主将之作用也。以今日之新名词解之，则军制之大纲也。主用者最高军事机关之设备，若参谋部之独立，君主之为大元帅，皆直接关于主将能力，威严信任之作用者也。官道者所谓官长之人事也，凡晋级补官等事属焉。道之字义形容尤极其妙，道者狭而且修，今观各国军人之分位令何其似也。曲制者，则军队之编制也。观下文法令执行之意，则知法者含有军纪之意，国军之强弱以军纪为本，而人事整顿、部队之制度、主将之权威，实为军纪之基础，而建军之原则尽于此矣。

参照后文"凡用众如用寡者，分数是也"义。分数云者，即编制之义，所谓曲制者是也。

此节杜氏注谓：主者，管库厮养职守，主张其事也；用者，车马器械，三军须用之物也。则似举编制经理兼言，就本节论，文义较完，唯就上下语气考之，则此节似专指编制言，故以主用为主将之作用。

凡此五者，将莫不闻，知之者胜，不知者不胜。

此为第二段之终。所述者，仅建军之原则，而即断之曰胜，曰不胜，可见胜不胜之根本问题，在此不在彼也。

第三段

故校之以计，而索其情，曰主孰有道，将孰有能，天地孰得，法令孰行，兵众孰强，士卒孰练，赏罚孰明，吾以此知胜负。

案：言未战以前，人主所当熟思而审处者也，死者不可以复生，亡者不可以复存，故孔子曰"临事而惧"（临者，将战未战之际之谓），此节连用七孰字，正以形容此惧也。

强弱无定衡，故首重在比较，然有形之比较易，无形之比较难。此节所言，则属于无形者居多。今各强国之参谋部，集全国之俊材，所以劳心焦虑，不遑宁处者，则亦唯此数问题之比较而已，此种盖有两难。

第一，为知之难，吾入于普通之行事，有误会者矣，于极亲之友朋，有隔阂者矣；况乎国家之事，况乎外国之事，而又涉于无形之精神者乎？必于其政教风俗，人情历史，一一融会贯通之，而又能平其心气，锐其眼光，仅仅能得之，而未必其果然也。当俾斯麦为议院攻击之时，孰敢谓普之民能与上同意也。当苦落伯脱金[1]于俄土战役之后（苦于俄土之役为参谋长，著有声誉），孰敢以今日之批评语讥之？普法战役之初期，毛奇乃与第一军长相冲突，日俄战役之终期，而儿玉（参谋长）乃与各军长生意见，幸而战胜，故说之者寡耳，非然者则岂本亦为胜败原因之一，啧啧于人口哉！况"军纪之张弛，教育之精粗，非躬与士卒同起居，则不能识其真价"（毛奇之言）。而精神诸力又容为物质所误，读日俄战争前欧洲各报之评论，盖可见也。故此节曰索其情，索者，探索之意，言必用力探索始能得其情也。

第二，为较之难，较之云者，言得其彼此之差也。无论何国，有其长，必有其短，其间程度之差，有甚微而其效甚大者。今以最浅显者譬之，例如调查两军队射击之成绩，而比较之。甲平均得百分之零三（即千发中中三的），乙得百分之零三五（即千发中中三的半），此固有种种关系不能定为孰优孰劣，然一战役间，假定每兵彼此人数相等，则乙已可灭甲之半矣；气弱者见敌之长，见己之短（二者常相因），则邻于怯；气强者见敌之短，见己之长，则邻于骄。故同一时，同一国，而各人之眼光不同，所说亦互异。为主将者，据种种不同之报告，而以一人之神明判定之，且将综合其全体（譬若主有道而将未必能），截长补短，铢两悉称，于以定和战之局，立外交之方针，其非易易，盖可见矣。昔普法未战以前，法国驻普使馆武官，尝列陈普军之

―――――――
〔1〕即阿列克谢·尼古拉耶维奇·库罗帕特金。——编者注

强矣，拿破仑不之省，盖数战而骄，亦以法之地位自有史以来较普为强也。顾与其骄也，毋宁稍怯，盖怯不过失其进取之机会而已，骄则必至于败亡之祸也。

伯卢麦著《战略论》第三章，论国家之武力曰："当战争时，国家欲屈敌之志以从我，则用武力。武力云者，全国内可以使用于战争之各种力之总称也。"

武力中之最贵重者，曰民力，即国民之体魄、道德、智识之力也；征之于史，固有用外国兵以战者，然背于近今战争之原则，盖国民有防卫国利之荣誉义务者也。民力之大小，以其多寡及性质而定。民力者，各人之力之总积也。故随数以俱增，为当然原则，然各人之力之差则甚大，故有其数大而其积小者，勇敢质朴之人民，此之懦弱萎靡者，其数虽小，而军事上之能力转大也。

然道德、智识之力，实较体力为尤重，义务心、果断、克己、爱国精神等诸德性，其增加国民之武力者盖伟，智识之程度亦然。故战争者，国民价值之秤也，上流者安于逸乐而失德，则其军之指挥不灵，普通人民之文化不开，则其锋芒钝。

其次为物质之资料，土地之富力，农业之情状，商工业之发达程度，及养马牧畜，皆为其重要之分子，其能确实心算者唯蓄藏于自国，或自国之出产而已。故金钱亦重要之资料也，然近世军队虽比于昔为著大，而金钱问题则转在其次，何者？盖国家使用国民材料之权利较昔为大也，近今则国民之材料愈发达，故国家间接以受其利。

雇兵之费，较征兵为大，夫人而知之矣，至有事之日，马匹及材料等非由外国购入不可者，则其国之金钱问题愈占重要位置，更进论之，则财政之整理与否，亦为国家武力之重要原则；盖财政苟整理，则能以国债集一时之现金，而取偿于将来也。

此外，则国土之位置及形势及其交通线，亦为武力之一种，顾此种有对待之利害：

（甲）领域之广袤及人口之多寡。地广人稀者利于防，地密人稠者便于迅速及猛烈之动作。

（乙）国境之形状及地势。由此则国土之防御，或为难，或为易。

（丙）国内之交通线。交通便利，不仅能流通各种之材料及使用各种武力，迅速萃于一处，且可保持其武力而不疲。

以上地理及统计之关系于一国之武力上，在一定范围内可以呈其各种功用，如英之海，俄之大漠，瑞西之山，或为援助，或为防御，皆有功用可言也。

国家之原质有三：曰土地，曰人民，曰主权，凡武力之关于土地人民者，述之如上，今且论国家之主权如何。

主权者所以萃民力、地力以供战用之主体也，其力之大小、强弱，则视政体制度及施政之性质以异，而资材愈广大，则其关系愈著。欲举土地人民之全力以从事于战争，则须明察勇决，举国一致，然唯元首则明良坚确，政府则和衷共济，庶几有成；若众说纷扰，而元首无定见，则其力即弱。要之，建制适当之国家，则各机关于平时即能自奋其力以赴元首确定之意志，一旦临战，必能发挥其力，无遗憾也。

主权虚无者也，其表现者为赋兵法，即政府依何种条件，何种范围，得以使用其国民之身体及财产，以为国务用之规定者也。详言之，则兵役之年限、现役之人数及久暂、人民备战之程度、召集之先后、征发之范围等皆是也。

凡独立国皆独立制定其赋兵法，而以国民禀性、文化程度、国家存立条件，及政事方针之种种不同，故遂至千差万别；或则以其财产生命，一一供诸国家，以图进取；或则图目前之娱乐，而不肯以保障此娱乐，故耗其财力；或以国无外患，解武装以从事于经济事业，此则由人而异者也。其国境线甚长、外兵易侵入之国，欲保其安全，则又不可与岛国、山国同日语；或界邻强敌，或界邻弱国，则其情又异。最后则战争技术上之要求，及经济与财政上之利害，皆一国制定赋兵法时所当熟思而审处者也。

然彼此依义务兵役之制，驱百万之军而求胜，则有俟乎卓绝之编制法，及国民坚实之性质，就中最重者，尤在上中两阶级人民之卓见及勇气。以瓦砾之材，泥涂黏附，墙壁虽高，不可以经风雨也。

赋兵法则陆军编制之基础也，编制之本旨，即在合民力与物产以造成适于战争之具也。民力、物产，原料也，依赋兵法而精制之则成物。剑之锐也，一由于钢质之良，一由于人工之巧，依赋兵法则编良材而锻炼之者，厥有赖于名工。故国家之武力，依赋兵法而出其材，依编制法而成为用。

又第四章言国家当将战未战之际，应行列为问题者五，其立说之精神，则颇足为参考。

至两国之利益相反，而不能以和平解决，则两政府之脑力，务明辨左记之五问，以为决心之基础。

第一问：敌能举若干之武力乎？

欲答此问，当先测定临战时敌国全体之武力，即我军侵入敌境时，敌之内部抵抗力之大小，及敌军侵入我境之难易是也。敌之武力或有不能用于他处者，则去除之。反之，无论出于故意，出于推测，其能受他国之援助者，则亦须加算入之。

第二问：敌将以如何气力决心战争乎？

敌人志意之强弱刚柔，视争点利益之重轻，及气概之大小为衡。

各国之气概，则由人民之性质及政治之情形而大差，同一事也，于甲国不过为皮相之激昂，于乙国则或触动其极度之决心，人民而敢为、坚忍、富于爱国心、能信赖其有力之政府，则其气概又绝不可与萎靡之政府、柔弱之国民同日语。

决战意志之强弱，大都视其动因之大小，即利益之重轻以为准。国家若以存亡之故而动战争，则其刚强不屈之态，绝不能与贪小利而动兵者相等；盖前者必奋战至于竭国之力而后止者，后者不过举一部之力以从事，适有不幸，即能屈从敌志以图免后患。

案：日俄之役，正其适例，日失朝鲜，三岛为之震动，俄得满洲，不遇扩充一部分之边界，与欧俄之存亡关系无与也。故战役之后半期，俄人以内部扰攘之故，虽欧洲之援兵续至，宁弃南满以和。

第三问：敌人于我之武力及气力下何种观察？

敌人于临战时亦必起前之二问，故此第三问之解答，甚为紧要，政略机敏之国，则战争将起时，即于国际间监察其举动，敌若下算我的武力及气力，则其最初所举之力必不大。顾敌若一觉其误，则或即屈从我志或即倍张其力，二者何择？亦宜预算及之。

第四问：敌当交战时，果用几许之材料？

此问之义甚广，即敌人武力、气力之性质、大小，其锐气，其忍耐力，军事上之目的，及最初所举兵力之外，将来更能举若干之武力种种等皆在焉。

第五问：我若欲屈敌之志以从我，或竟使敌断绝其希望，果需若干之军资乎？我果具有此数乎？具有此数而我目的之价值，果与此应行消耗之军资相称乎？

此五问皆相联络，故总括揭之于此。唯讨论第一问时，则我军军事之目的，首当注意，此目的则由于政略上之关系及敌之处置以生。

依正理论则外交之方针，战略之布置，皆当由此五问题而生，顾事实上则和战之局，未必悉决于正当之研究，而两国当未战之先，未必能举上文五问，一一为数学的解决也。盖彼此苟皆出于深思熟虑，则中间必有一身知奋励之无功，战争之不可以意气为，甘心其稍稍损失，而不敢赌存亡于一旦，此则近五十年之诸强国之所以未见战事也。

测算敌之军资，而求其正确，其为事已不易，至欲公平称量彼我之力，则尤属困难。盖元质之编入军资者其数极大，其类又杂，而战时不意之事变，亦影响于军资者至伟，测算者主观之谬误，犹在所勿论也。

洞见敌人政略之企图，而测定其外交上强硬之程度，亦不易。两国宣战之言，一具文耳，世固有利用仅小之原因，而启存亡之大决战者，又或一战之后，胜者乘其余威，扩张其本来之目的者。

要之，以上五问，无论如何明察，绝不能得数学之确解。其至善者，亦不过近似已耳。故贤明之政府，则于此五问之外，更生一问，曰："万一敌之力较预测为大，我之力较预测为小时，其危险之程度当在何等？"故对于彼此同等抑或较强之国，尤不可不审慎出之。文明国之战争，其起也甚难，而其动也甚猛，不动则已，动则必倾全国之力，而财力、国力不许其持久，故动作尤必速而且烈。

案：伯卢麦之所谓主权云云者，即主将法令赏罚之谓；所谓民力云云者，即兵众士卒之谓；所谓有形诸物质云云者，即天地之谓。

总括智、信、仁、勇、严五项而断之，曰能。其说亦见之近今学说，能者，了事之谓也，德国武人之习谚曰，不知者不能，又曰由知而能，尚须一级。

天地者，彼此共有之物，而利害有相反者，故曰得。（参观上文）

兵众者，指全体国民而言，士卒者，指官长及下级干部言。兵众之良否，属天然者居多，故曰强；官长之教育，属人为者居多，故曰练。练者含有用力之意，法令指军事上之政令言，赏罚指全体之政令言。

将听吾计，用之必胜，留之；将不听我计，用之必败，去之。

案：此所谓计，即上文七种之计算也。古注陈、张之说为是，以将为神将者非也。

第四段

此节说交战之方法,其主旨在"出其不意,攻其无备"一句。然于本末、重轻、先后之故,言之甚明,读者所当注意也。

计利以听,乃为之势,以佐其外,势者,因利而制权也。

上文之计,乃国防战略之大纲。此所谓纲,乃下文交战之方法,即战术之总诀也。此节所当注意者,在数虚字,一曰乃,再曰佐,乃者然后之意,佐者辅佐云耳,非主体也。拿破仑所谓苟战略不善,虽得胜利,不足以达目的也。计者,由我而定,百世不变之原则也;势者,视敌而动,随时随地至变而不定者也。故下文曰诡道,曰不可先传,其于本末重轻之际,揆之至深。未战时之计,本也;交战时之方法,末也。本重而末轻,本先而末后,故曰乃,曰佐。

兵者,诡道也,故能而示之不能,用而示之不用,近而示之远,远而示之近,利而诱之,乱而取之,实而备之,强而避之,怒而挠之,卑而骄之,佚而劳之,亲而离之,出其不意,攻其无备,此兵家之胜,不可先传也。

出其不意,攻其无备,为交战方法之主旨,能而示之不能,以下十二句,专指方法言。盖欲实行"出其不意,攻其无备"之原则,必应用以上十二种方法,始有济也。兵家之胜云者,犹言此寻常用兵家之所谓胜云耳,非吾之所谓胜也,故曰不可先传。

先者对于计字言，承上文乃字、佐字之意，所以呼起下文"夫未战"之未字，言真正胜负之故，在未战之先之计算，不可以交战之方法为胜败之原，而又转以计算置于后也。此篇定名曰"计"。若将全篇一气通读，则自计利以听以下，迄"不可先传也"一段为本篇之旁文，更将第二段、第三段之断语（知之者胜，不知者不胜），又（吾以此见胜负矣）与此段断语一比较，其义更显。

篇中开宗明义，即曰"兵者国之大事"，而此则曰"兵者，诡道也"，然则国之大事而可以诡道行之乎？盖此节入他人口气（大约竟系引用古说），即转述兵家者言而断之曰不可先传也。不可先传，犹言不可以此为当务之急也，以不可先传作秘密解，遂视诡道为兵法取胜之要诀，而后世又以阴谋诡诈之故为兵事，非儒者所应道，不知《孙子》开宗明义即以道为言，而天地将法等皆庸言庸行，深合圣人治兵之旨，曷尝有阴谋权变之说哉！

第五段

夫未战而庙算胜者，得算多也，未战而庙算不胜者，得算少也。多算胜，少算不胜，而况于无算乎？吾以此观之，胜负见矣。

此段总结全篇，计字之义以一"未"字点睛之笔。计者，计算于庙堂之上，而必在未战之先，所谓事之成败，在未着手以先，质言之，则平时之准备有素者也。

得算多少之"多""少"两字,系形容词,言上文七项比较之中有几项能占优胜也。多算少算之"多""少"两字,系助动词,言计算精密者胜,计算不精密者不胜也。

"而况于无算乎"一句,与开篇死生存亡之句相呼应,一以戒妄,一以戒愚,正如暮鼓晨钟,令人猛醒也。

附 录

附录一　欧洲大陆英雄之覆辙

或许是生物学上一定的原则吧？急了就跳——犹如中国古谚所谓"人急跳梁"。最近欧洲大陆上一位英雄，从柏林旅行回来，一跳就跳到东京，再跳又到了长春。你们不要怪他跳，要知道他是发急。

一个小学生，满以为老师皮夹里有许多宝贝，可是偷到手时，打开一看却是空的，急不急呢？一会儿又趁着老师打盹的工夫，出去玩耍，但回来时，老师已醒，戒尺在手，急不急呢？最近又来一个英德接近、法德调和的运动，一个等边三角形中插入一支金针，急不急呢？急了就跳。

我们读欧洲史，终替大陆上的英雄抱不平，尤其是陆军军人，仿佛是命运的注定，无论他在大陆上发挥怎样大的威力，结果终为海上的魔王所打倒。

最奇怪的，譬如一个陷人坑，第一位英雄走上那条路，掉了下去；第二位英雄自作聪明，绕来绕去，但仍走上了那条路，一样陷了进去。最奇怪的，他实际上竟是亦步亦趋，循着前人足迹，丝毫不爽地走入那个陷阱。这真是命定的吗？

欲攻海国，先从大陆国入手。拿破仑的根本敌人是英国，但他奈何英国不得，便拿俄国出气，结果一代英名断送在莫斯科。法国人完了，德国人起来，威廉二世的世界政策，明明白白是对英国的，但作战也须先从俄国入手，他把俄国打败了，但沾上了传染病，自己也倒了。

英国这个海上王，是不是历史上注定永久不可抗的呢？荷兰、西班牙都做过一次海上王，所以一定说海上王的宝座为万世不易，我们不信。但很奇怪，大陆英雄终照旧日方式，送掉自己的性命。这方式就是欲攻英，先击俄。他们自知打俄是假，打英是真，但偏要大吹大擂地反共。

从阿比西尼亚[1]包抄埃及，自比拿破仑远征埃及来得高明。从大西洋上迂回进攻西班牙，自比德人卡来[2]横渡北海，发动潜艇政策较为得计，但西班牙的重心在地中海方面，而不在大西洋方面。这一条路线，对于法国也是一个致命伤，因此一下寻到了两个敌人。

我们从前不懂苏联有多大本领，有许多飞机能不断运到西班牙去，现在才知道俄国军火都从达达尼尔海峡经过英国手里放出来。俄国也知道，所以战斗员只有八千，宣传员却有二万四千。

声东击西的战略，在往昔半开化时代很可以成功，但交通便利，知识进步到了现在的世界，却以宣传政策骗人，这只是自己表现其愚蠢罢了。

北方的大熊，在它广大的巢穴里从容地剥食它的果实，打着一种会心的微笑，自己说："现代世界哪有真正的反共结合？"

假如大陆英雄不愿自欺自骗，真心对付英国，还得学学俾斯

---

[1]今埃塞俄比亚地区。——编者注
[2]即加来，法国北部港口城市。——编者注

麦。我倒要做个建议，堂堂正正请他们取消那种假的反共招牌，归宗到一个俄德意迭克推多[1]的同盟，或许还够说得上对英。至于国内迭克推多也未成立的日本，竟也混在一起，高谈反共攻英，恐怕还够不上掉在陷阱的中央，只能掉在陷阱的角落里去。

因此我奉告国内同胞：他们急，我们不急，英雄跳，我们笑！我们从容地含笑前进，最后胜利已经逼近！

---

[1] Dictator：独裁者。——编者注

附录二 速决与持久

法国战术家认为攻击有两个基础条件,一为运动,一为射击(火力)。飞机出现以还,技术上的进步一日千里,如今空军已单独成为一个作战单位,同时向来最缺乏运动性的迟缓的炮兵,经过摩托化并有坦克战车的发明以后,它的速度也超过了从前几十倍。空军的重轰炸机,将来速度可与驱逐机相等,而驱逐机的速度则因人身生理的限制,不能更有多大的进步,所以欧战后的军事发展,专在运动性方面,而火力又是跟随运动性的增加而增加。

单从战斗的工具来说,各国都是向着速字上用功夫,因此现代战术战略的趋势,也自然向着速决方面走去。但从整个国家的立场说来,即所谓全民战争的范围说来,到各国,尤其是持久战失败的德国,就注重在"持久"两字,风行一时的自给主义便是持久战的根本政策。不过,文章是要从反面看的,我们不能据此认为各国如今以守势为国策。须知他们一方面高谈持久,然而各种战斗方式莫不趋向速决的方面,而持久却是达到速决的一个门径。

全民战争的痛苦是太深了,负担是太重了,所以政治家对于民众的要求虽为持久，军事家对国家的义务则取速决。不用说空军战斗是速决，海军战争亦然如此，一番会战可决定全局的胜败，战斗中最有韧强性的就只有陆战。然而现在陆战的工具一天快似一天，陆战装备的重心完全集中在所谓快速师团。它的战术，亦即它的特性，就在出奇制胜。再看现在各国的动员律也是朝着速决的方向走。德法两国国境建筑的要塞，目的在掩护动员，绝不想在那里死守。当年凡尔敦[1]要塞的北方区，正留有一个攻势地带。如今德国积极修筑高速度行车的国道，也正在守势中间寄托着一种攻势。

我们可以说速决主义乃现在实际军人所追求的目标，这是从这种战略上的速决中间，发现了军制亦即国力上的持久问题。须知空海两军都是以技术的优越而决定战斗的胜利。一国的经济力量，能否与技术上的发明亦步亦趋，乃军备上一个根本问题。譬如阿比西尼亚战争时期的意大利飞机，现在已成为明日黄花，不能与英国竞争，若将这些飞机一律取消，换上一种现在最理想的构造，经济上不胜负担；若用局部改良的轮替法，又怕敌方改良得快，将一辈子赶不上人家。所以现在军备改良有一个主义，名为"发明唯恐落后，制造唯恐争先"。就因国力跟不上技术，换一种炮，动辄几千门，换一种飞机，动辄几百架，真所谓掷黄金于虚牝，谁都受不了。

掌理国政的人假如轻轻失去了军事优势的时机，再要重新恢复优势，至少要待五年或十年以上。照我个人研究，历史上陆军的强大，不能保持二十年，空军强大，不能保持五年，比较上优势最易

---

[1] 即凡尔登。——编者注

持久的还是海军。这因为主力舰的建造太费时间,而且海上武力又反映着一国的经济力量与民族传统,这并非五年十年的近功。

总之,现在欧洲军事的方向固然趋于速决,而政治的痛苦与经济的困难在于不能持久。他们苦心孤诣地经营,便在寻求速决与持久的平衡,要从此中发现一条新路。

他们要求速决,所以不能讲持久;速决是目的,持久是手段。

现在拿欧洲这一种实况来研究中国应循的途径,我们知道欧洲人从速决主义下发现持久的困难与必要性,至于我们中国目前既需持久作战,我们就应该在这个决心下,来研究速决的"速"之条件。欧战法国凡尔敦所以能长久固守的原因,并非由于死守,而在于法国人能利用运动战的原则,将守军随时移动。死守一个阵线,无论设备如何巩固,今日火力仍可使整个战线顷刻毁灭。去年比尔波铁环的防御,建筑的时间费去九十小时,而摧毁的时间,只经九小时。

当年法德火力同等,而法国守势战尚非扼据一线的死守,何况火力平常不占优势的我国?所以在一个持久战区之内,反而是用了运动战可以达到持久的目的。简言之,这便是以攻为守。假如拘之于形式上持久地一线死守,是必然不能达到持久之目的,现在德国有步步为营的退却法,就是寓死守于运动中。

一支部队的火力要与运动力等同,没有运动力的火力,可名为死火力,所以要达到持久固守之目的,应以增加运动性为唯一条件。前方作战的部队至少要能够自己指挥后方的给养。我们装备完全的兵团差不多与德国步兵团相像。但德国步兵团后方直属的车辆,就有一百三十辆之多,假如每团加上防御战车,更需增加七十余辆汽车,才可使一团的火力得到适当的发展与运用。至于一师作战单位的大辎重与炮兵辎重都没有算在其中。

远适异国不知战斗的实际情形,所以一切不敢妄揣,不过我以为我们固然要求持久战,但其先决条件,便是要使军备增加运动性,因为我们要以持久为目的,须以速决为手段。

欧洲的问题是久则不速,我们的问题是不速则不久。

附录三　从国际上观察各国外交之风格

就广义之国际言，则军事为其核心，其前哨线则外交也，其根据地则经济也。即有此经济组织，而后有此国防设备，有此国防设备，而后有此外交政策。三者如影之随形，如水之就范。无论如何强国，三者一旦脱节，即遭大祸。无论如何弱国，三者联系若佳，即能保持其光荣。故欧洲各国之外交，即依国防性质之不同，虽同是一弱肉强食、钩心斗角，而其风格则各有不同，今请分析言之。

一、英

张伯伦虽号为实际家，其实实际应付非英之所长也。英国之所长，在其远略。举例：如甲午之役，即定联日制俄之策；一九〇四年即定包围德国之策；欧战一终，即警戒日本。即今日《泰晤士报》对中国抗战好感的批评，盖亦准备于数年之前，读者亦曾忆及伦敦中国古代展览会一事乎？使一般人对中国学生，而艺术欣赏赞美之词，盖已为今日一般好感之结果矣，惟其举一事，定一策，决于十五年之前也，故一到临时，即能水到渠成，而他国莫之与抗也。

但长于远略者，即短于实际应付。盖事非先知，孰能举未来之变而一一预定之？故每下一策，必留一余地以应变，而形成一不彻底之局面。对意政策之招攻击与讥笑，即其征也。顾英人宁忍此辱也，何也？国防故也，只有前哨为本队牺牲，不能为前哨而牺牲本队。外交多少是面子问题，国防却是生命问题，为面子而牺牲生命，英人不为也。

英之国防要点何在耶？曰：英从不畏海战，善于空战，而独畏陆战。今若举欧洲大陆国国防线之长度比例，以例大英帝国，则举三岛之全人口以服兵役，犹苦不足，故由德日等国之陆军参谋官眼光视之，不独非洲犬牙相错之殖民地，即新加坡、印度、澳洲[1]、加拿大，真取之如人拾芥耳。英人亦自知之，故集中精力于战略要点，而放弃其余；而外交方策，亦本此战略，而形成一特别风格，即所谓"吃小亏占大便宜"，而处处退让，正是其誓死力争之表现也。世人以英之退让，谓为武力不足，此误也；英人亦自言之，此伪也。英法合作，全世界之武力不足经其一蹴也。顾一蹴以后而如何？诸君志之，今日文化社会之世界，一国家可以因为打败仗而亡国，打了胜仗即可兴国，此时代落伍之言也。吾人今试设想，纵使英法能联俄挟美于德意以一击，后则如何？英不能再强也，而俄美之势必日大，则真正到帝国霸权之危机时代矣。英人肯自动促进此危机之早至耶？故"和平"两字，德意为口头禅，在英人则生命问题也。由此可知张伯伦之政策，实为英人多数人之所赞成，故张伯伦演说曰："英有三种时机，不惜一战。"又曰："惟其强也，所以求和。"而艾登之反对演说，则曰："除非疯人，愿意在欧洲掀起战争！"盖一则谓外交

---

[1]即大洋洲。——编者注

让步，非畏难苟安；一则谓外交强硬，亦不致引起战争也。

二、德

德善于海空战而困于陆战。英国外交风格既如此，与此针锋相对者则有以陆军称著之德国，则长于实际应付，而短于远略是也。不论欧战以前，有威廉二世东占便宜，西得势力，结果从两面受敌，闹成四面楚歌。革命之后希特勒亦是从德意志民族性格中发现出他的天才与缺点。

由莱茵进兵到合并奥国[1]，外交上斗争了两件大事，而不费一个兵，事实地占了大便宜。虽是反对派也五体投地地恭维希特勒：（一）准备之周到；（二）认识时机之正当；（三）运用工具之灵活，真正可谓实际应付之模范。而此（一）（二）（三）的三个条件，则正是军人得胜之最大条件。有人说德国的外交含有军事性，此军事性非老粗横冲直撞之谓，是沉着机动之谓。盖今日世界之军人，尤其是德国已经不是老粗，而是老细矣。机械之精密，计预之正确，处处是细针密缕，而不是一味蛮干也。

但是长于实际应付者，同时即短于远略。只贪目下便宜，不顾将来危险。最初高揭反共大旗，明明是对俄不满，所以对法再三声言："不侵犯两境""不想收回亚尔萨斯[2]、洛林"，并且为之解释曰："牺牲百万壮丁向法国取得一块地，够不上养活一百万人口。"等等，以安法国之心。但是结果为当前利欲所诱惑，帮助意大利参加西班牙内战，觊觎非洲殖民地（恐怕将来要从此出乱子），将历年之亲英政策取消，闹得西方的英法坐立不

---

[1] 即奥地利。——编者注
[2] 即阿尔萨斯。——编者注

安,而俄人反在旁观微笑。现在捷克问题已经碰了钉子,意大利又与英国开始妥协,英王访法之热闹,令人回想当年爱德华七世包围政策之成功,则德人已走在占小便宜大吃亏之外交路上,是明证也。如果方针不变,一定又闹成欧战前局面。但是我们却不能不原谅,因为它的外交,是根据他们国防形势而成的。如果威廉一世之遗言真是作了它的新方针,则欧洲形势难说又要发生新变化。(英意协约签字后,适逢威廉一世逝世纪念日,各报一律登载威廉临终遗言,即"不可与俄国失和",揣其意,殆一种威吓英国之暗示。但为时不久,苏俄大使即堂皇而至柏林。)

三、意

意之国防,海不能望英,陆不能敌法,故墨索里尼执政,首先注意空军。彼能于举世高唱和平之日,矻矻焉为人所不为,故能于短时间崭然露头角,此即"乘隙"战术与"威吓"作用之应用也。故其外交态度,以"善变"为其特征。为阜姆问题攻击南斯拉夫如土狗,又尊南斯拉夫如上宾,一时三十万大军压奥境,以威吓希特勒,一转移间,自身即亲赴柏林,而高唱柏林罗马阵线;欧洲第一个承认苏俄,而一时又大叫反共;时与英国几成不世之仇,而一月即成英意协定。所以如果将意之外交经过画一路线,正如一队轰炸机,欲达一目标,它不敢一直线而进,而用曲折前进,或使敌人误其防御方向,而己得其从容到达。此种乘隙战术,有时可以得奇效,然苦于不能持久。就此点言,则意之国防外交,亦正与英相针对。盖就武力言,海军最有持久性,英国自战胜西班牙以来,海军之优越性,维持可以至一百年二百年之久,然其成立也犹迟,一战斗舰之建造,费时三年,故临时现凑，事实上为不可能。至于德法之陆军，则五十年一度互为雄长。至于空军，则以技术进步之速，与材料消耗之巨，故保持五年间之优势国力，且为不可能。今日之强，即他年之弱，故外交态度亦不能不随国防力之实状以为软硬之标准。意之善变，其殆以此乎？

四、法

近五十年来，法于外交不若从前之煊赫，时时以随从软弱外交闻。嗟夫，此不煊赫之外交，真可谓贤明谨慎而适于国情者矣。盖法人本性轻躁而好名誉，自拿破仑第三[1]为对内欲得民心之故，轻举对普，而酿成一八七〇年之大辱。法人痛定思痛，于是有名记者深思战败之源在于外交，乃倡一私立政治学校，遂为世界有名之外交学校。当《凡尔赛和约》签字之日，各国外交家集中于此，而此学校之门徒实居多数，今艾登亦此校出身也。彼欲造一群人民之头脑，使拿破仑时代好大喜功之国民习惯，一变而为沉着忍耐，此五十年之苦功，盖真能举自身之弱点而补救之（非若英德利用己长而扩充之），其为事之难可知也。当笛木赛视英政策实行之日，举埃及苏伊士运河之权，拱手而让诸英国，一部人攻之甚烈，苟非人民有头脑者，则事败矣。迄战争爆发，乃得英助，以致大捷。事后观之，似事属当然，而不知当时实行负责者之苦心可念也。盖德国军人之横冲直撞，而至于细针密缕，沉机观变，此军人教育之进步也。而法国军人之进步，乃能由机动活泼而进步至于沉着应付，应退却即退却，不必顾虑群众之责难也。是失败即自认失败，不必舆论以自卫也。此皆经五十

---

[1] 即拿破仑三世。——编者注

年之呕心沥血之苦功而始能者也。

于是而不能不注意者,盖法国人此种贤明之外交,沉着之军事,实基于战志坚决,民信确立之故。张伯伦谓"惟其强也,所以求和",此义盖得之于法国也。

附录四　日本人——一个外国人的研究

绪言

世界上没有像我那样同情于日本人的!

一群伟大的戏角,正在那里表演一场比 Hamlet[1]更悲的悲剧;在旁观者哪得不替这悲剧的主人翁下一滴同情之泪呢?

古代的悲剧,是不可知的运命所注定的,现代的悲剧,是主人公性格反映,是自造的。而目前这个大悲剧,却是两者兼而有之。

日本陆军的强,是世界少有的。海军的强,也是世界少有的。但是两个强,加在一起,却等于弱;这可以说是不可知的公式,也可以说是性格的反映。

孔子作《易》终于"未济"。孟子说:"生于忧患,死于安乐。"这种中国文化,日本人根本不懂,他却要自称东方主人翁?

如今我像歌德批评Hamlet一般,来考察目前这个悲剧的来源。

---

[1]《哈姆雷特》。——编者注

一、几个自然条件

1.情热的人种。从日本人的习惯,诸如洗澡、衣服、饮食、居住来看,日本人种无疑地是从中国南方移去的。其间当然也有一部分从北方——中国山东与高句丽的移民,但这并不是主流。所以北方的风俗,在日本是看不见的。事实上,北方苦寒的生活,非日本人所能接受。北海道为日本国国土,经过五十年的开拓。中国的东三省,二十年前,日本就想移民,五年来它可以自由移民。但统计数字的雄辩,确实告诉我们,日本这种移民企图已经怎样地失败,日本人怎样地不愿到北方去!

2.地理上的影响。这种南方情热的人种,又受了地理上的影响。日本的气候风景,真可以自豪为世界乐土。但它缺少了国民教育上的两种材料。日本自以为是东方的英国,但它缺少了伦敦的雾[1]。日本人要实行它的大陆政策,但它缺少了中国的黄河长江[2]。明媚的风景——外界环境轮廓的明净美丽,刺激了这个情热人种的眼光,时时向外界注意,缺少了内省的能力,同时因为时时要注意,却从复杂的环境中找不到一个重点。短急清浅的水流,又诱导他成了性急的、骄激的,容易入于悲观的性格。地震、火山喷火,这些不可知的自然变动,也给予日本人一种阴影。

3.鱼。许多日本宣传家的统计,常常侈言它人口如何激增,国土如何渺小。据说近卫见了霍斯上校后,霍斯就做了重新分配殖民地的文章。但他们的说明书上,却隐藏了一件本国唯一的宝

---

〔1〕雾锻炼了英国人体格之强健与眼光之正确。
〔2〕黄河长江养成了中国人特有的气度。

贝——即无限止的海上生活资源——鱼（他们因为国民生存上必要而发展出来的无限制的渔艇制海权。真可以代表现代的侵略政策，我们倒可以承认他们正当的权利）。但是这个鱼，又给日本民族性格上一种影响。日本古代拿鲤鱼来比武士，因为只有鲤鱼受了刀伤乃至临死也不会动。恐怕切腹这个风俗，与吃鱼有关系吧？因为鱼非新鲜不可口。日本人吃鱼便要把鱼活活地宰死了吃，极有风味。日本人不懂中国孟子所说"闻其声不忍食其肉"与"君子远庖厨"的意义。所以他们的残忍性，还保有岛人吃人肉的遗传。

4. 酒。世界各国的酒都是越陈越好，白兰地一百年，绍兴酒五十年，但日本的酒却是要新鲜，越新越好。而大量饮酒在日本人却认为豪杰的象征，尤其陆海军将领，对于酒，都是经过长期奋斗而升级，所谓"死且不避，卮酒安足辞"。

5. 音乐。假如你在月明之夜听日本人的笛——尺八，假如你在黄昏时分，听日本农夫的民谣，假如你在灯红酒绿中听他们的三味线，你总能得到高亢激烈与长声哀怨的音色。外国人要学它，一定呼吸会转不过来。在中国琴弦，因为过高而断，是个不祥之兆。假如拿中国的琴来和日本的三味线，琴弦一定会断。

6. 花。"花是樱花，人是武士！"多么美呀！但它的意义却是印度悲观主义的"无常"。因为樱花当它最美的时候，正是立刻就要凋谢的象征，好像武士当他最荣誉的时候，就是他效命疆场的一刹那间。（勇敢是可赞美的，但太悲观了呵。）

所以日本人在制造文字时代，截取中国文字，来做它的字母，就有了一首诗：开首是"色香俱散"，结束是"人事无常"。

直译的意义是:"色与香都是要散的呵!"……"我们的人生谁能维持永久呢?"

二、几段历史事迹

1.文字的创造。当中国固有文化正发达的时代——像秦汉时代——就有许多传说,可证为与日本有交通。但当时日本尚不能接受文化,直到孔子降生一千年以后,隋唐时代即印度文化东输,佛教在中国正是极盛的时代,才有大多数的日本人留学中国。所以印度文化与中国哲学混合输入日本。创造日本文字的,是一个有名的和尚,在中国受了精深的佛典教育。那时候如同水入空谷一般。几个佛教大师,把他们的理论风靡了全国,上逮皇室,下迄国民。

2.武士道与大和魂。中国哲学到德川统一之后才被提倡而盛行。那时日本人所自豪的武士阶级,已入于停顿时期。所以要知道武士道的源起,不能不对于佛教思想的输入加以特别注意。假如从表面上看,武士道与欧洲中古时代的骑士无大区别。它的美德,是忠实勇敢、同情、朴俭、守礼节——只有一件即对于女性观念则与骑士不同,不是尊重,而是蹂躏。但是日本人以为除此以外,他另有欧洲人所没有的"内在的精神",所谓"大和魂"这个东西。

这个大和魂,不仅外国人不能捉摸,就是日本人也不能说明。据我看来,Litz论美学曾说到忘我的境界,这种容易导入于忘我境界的性格,恐怕就是大和魂的真谛。而这一刹那的异常境遇,是从佛教禅宗所谓"悟"、所谓"空"而来的,但其中有厌世悲观的色彩。

3.武士的不道。武士的长处，就是所谓"道"。但它的背面有一个阴影。按日本面积很小，在武士时代又分为几百个小国，彼此毗连邻接。它的首领随时有被袭击的可能，它对四面八方不能不十二分警戒，所以侦探术就特别巧妙，几百年来养成了一种间谍的天才。日本的高级社会，常常不自觉地喜用诈术，就是那时候养成的。其中两个最有名的英雄，一是丰臣秀吉，一是德川家康，日本国民给他们的绰号，前者叫作"沐猴而冠"，后者叫做"老狐狸"。日本人最喜欢读这个时代的演义。在我看来，那些正是别有风味的侦探小说。

4.西乡隆盛。真正够得上做日本精神美德的代表者有一个人，就是西乡隆盛，但他模范地做了悲剧主角。因为他不失败于他所反对的敌人，却失败于他所爱护的学生。日本有许多爱国者，究竟是否国家的幸福，不能不请运命之神来判断了。

5.两个真正的日本指导者。真正从日本民族的发展看来，有两个指导者，是值得尊敬的。一是从前的圣德太子，他奠定了日本的第一期文化，接受了佛教与中国哲学；一是现代的明治大帝，他创了日本的第二期文化，接受了欧洲的科学文明。

三、明治大帝

1.本章的意义。明治大帝是值得另立一章的，因为这个巨大的强国，乃是他一个人苦心的成就，我特别要提出"苦心"两个字，因为一只船航行海上，最重要的是把舵者。有时要向左，有时要向右，一不小心，就会出乱子；未来等于一层浓雾，国家所走的路，又没有详细的海图可循。其间既要天才，又要经验，最重要的更是强固的意志力和谦抑的考虑。当明治大帝逝世的第一日，伦敦《泰晤士报》（世界民族中懂得日本的首推英国）有一篇哀悼的文章，说日本国运自从这位大帝的经营以后，恐怕已经到了富士山顶，我们希望以后不向下坡走。

2.初期的苦痛——不对外即起内乱。性急的日本人，当他取消封建，统一行政，不到五年的光阴，就要向外发展：所谓征朝鲜。主张这个政策的人，是唯一的军人领袖，唯一的勤王元勋——西乡隆盛。政府议决了征朝鲜，但是中途变卦。结果发生内乱，这在日本人或许认为很不幸，但大帝决心，宁忍内乱的痛苦，不愿早开边衅。

3.民权与宪法。明治初年的政权为南方长萨、土肥所独占，长州萨摩为主，土佐肥前副之。西南革命——西乡隆盛所领导——失败以后，所谓民间志士，以土肥为中心，集中于提倡民权。政府虽一时下令压迫，然而大帝决心实行立宪，借议会使国民与闻国政，排斥当时绝对的天皇神权论。

4.对俄与对英。明治最信任的政治家伊藤，他是创造政友会的政党首领，他不主张与俄国开衅，所以一九〇二年他旅行俄国时想与俄国得一妥协。伊藤的反对派——山县军人派，则主张对俄作战。两派争持剧烈，经明治最后的决定，订了英日同盟，伊藤的亲信亦所不顾。

5.忍辱讲和。中日战争后的三国干涉，日俄战争后的无赔偿讲和，都是大多爱国者所激烈反对的。然而大帝两次战胜，却取谦抑态度，很镇定地给予肯深思熟虑的负责政治家一个最大支持，并由英日同盟，而进展到日法协商、日俄协定。

总之，事后看来好像日本的进展发达是很容易的，其实当时不断的内争——内政整理与对外发展，民权与主权，南进与北进，文治派与武力派，国粹派与洋化派——如同一条大路一时向左，一时向右，而明治大帝却能用他坚定的意志，聪明的先见，将方向把定。在历史的事实上，日本人所谓皇室中心，只有这个时期是正确的。

四、欧战

1.绪言。美国军舰的炮，惊醒了东方一个新兴国家。欧美人的钱，又把这个新兴国家引入了内在多烦闷、外界多诱惑的新悲观世界。

2.明治大帝的余泽。大帝的意志虽然坚强，但喜欢采取臣下的意见。每逢国家大事，他总要召集所有亲信的人，商量一番，成了惯例。一般人就称之为元老会议，但法律上并无明文规定，完全是出于大帝的自动意志。大帝逝世后，元老会议做了政治领导的中心，但是首先就遇见了一个不幸。当时在伊藤指导下的文治派，因为伊藤被刺而西园寺实为领袖。在山县指导下的军人派则以桂太郎为领袖。桂太郎因为要联俄之故到了圣彼得堡，又因天皇病重匆匆返国，半途就遇见山县的特使，报告邀请他做新天皇的辅弼大臣，专管天皇的起居、教育等，不入政治。但入宫不到二月，西园寺内阁就因为不能扩充陆军而失败，又出来组阁。于是，文治派政党领袖就举行护宪大运动，而日俄战争时代负重望大告成功的桂太郎公爵，从此失败而死。军人与政党就结了一种仇恨。最大多数的政友会，近十年不得政权。从此以后直到现在，近卫组阁还是要经元老的推荐，但是二十年间元老一个个凋谢，只剩现已九十余岁的西园寺。

3.欧战给予日本的第一个影响就是烦闷。这是欧洲人自己也不能体会的。近世工业资本主义的发达，最快需时五十年，但日本却像暴风一般，五年以内突然地生长。无数的黄金从欧洲输入进来，烟囱急速度地增加，到五倍十倍。假如我们要形容它的情状，至少可以作十几本书。现在只举一个例吧。西京有一位很穷苦的博士名叫河上（注意：日本法律规定长子有承袭财产权，次子多尝独立生活，所以博士多是次子，或是穷苦出身的，富家长子都要管理家务无暇求学），他著了一本书，名叫《贫乏物语》，说明无产阶级的由来与痛苦。三年以来，这本书销行了几百万（册）。他以著述的收入，竟变成一个财产家。他的书受民众如此的欢迎，他个人却常遭警察的注意。后来效法他的人很多，就有所谓社会主义的发财者出现。而这位可怜的、天良未泯的老教授因为用他卖书的钱来接济了共产党，被判为有罪，入了牢狱。至于许多社会主义的发财者，却利用了打败政党——财阀的名义，做了军阀的走狗。这种矛盾，欧洲社会看不见。

4.欧战给予日本的第二影响就是诱惑。1915年派了亲王到俄国，用百五十万支步枪，及许多作战资源，才得到互相承认的协定。后来俄国革命了，德国屈服了，英国疲敝了，日本可以自由进展到西伯利亚。英国的印度洋要仗日本海军保守。日本又攫取了青岛，可向中国北方南方自由活动。整个的亚细亚是它的了，所怕的只是美国。不过，太平洋太大了，美国要到东方非经过四千里的行程，且非经过日本群岛的关门不可。欧美人有钱，日本人也有钱，欧美人有机器，日本人也有机器，所以称雄世界的诱惑，就日见其不可抵御了。

5.整个的民族动摇了。在历史上看来无论哪一个民族，哪一个时代，从没有像日本在欧战时代的激急变迁。一个原来缺少内省能力，缺少临时应用能力的性急的民族，一方遭遇了社会的莫大的矛盾（不安与烦闷），一方又当着千载难逢的机会（诱惑与希望）。这一只渔船，遇到了台风，一高高到天上，可以征服亚洲，即可以征服世界——西方自杀的文明没落了；一低又低到地狱，贫富不均、生活困难、革命共产、虚无主义、暗杀手段，不仅把舵的失却了罗盘针，全民族也就导入了一种疯狂状态：战争！革命！

五、固有的裂痕

1.绪言。在烦闷与诱惑的大浪中，我们要研究它政治的固有形态。假如自己组织坚实，指导者自能渡过难关，渐渐得到风平浪静，但日本原来的政治组织已有两个裂痕。

2.第一是政治家与军事家在政治上的对立。日本自组织责任内阁以来，陆海军人出面组织内阁者有十人，而政治家也只有十人，且其中政治家有标记的两人还是代理。

在内阁组织法制定的时候，确定了陆海军大臣必须从现役将官中任命的原则。在当时原是消极地防止民权论自由主义者侵入军队中间，以致军人的思想不健全。但是这个条例，后来竟使军人得以操纵内阁。因为陆军大臣倘因意见辞职，内阁总理就没法找第二个军人代理他，军人操纵政治成了日本政治的传统习惯。欧战以前只是几个最高级的军人留心政治，欧战以后就影响到了下级军官。

3.第二是海军与陆军在财政上的对立。各部争取预算本是普遍习惯,但世界上无论何国,无论何时代,国防上或海或陆终有些偏重。但试查日本五十年来的预算,假如陆军预算一万万,海军预算绝不会在九千万以下。当华盛顿海军会议时代,俄国革命,中国内乱,就日本国防上说,陆军预算大可缩减。但因为海军要造补助舰队,陆军也须同一比例增进。民政党财阀内阁时代的陆军大臣宇垣,曾经一度缩减陆军人数的定额,而将剩余款项添补新兵器(预算不因而减少),结果招了陆军切齿的怨恨。所以海军既想学英美从第三位要到第一位,不仅封锁亚洲海岸,还要超过太平洋。陆军又要做德法,保持它世界唯一的荣誉,实行它的大陆政策。不止滨海省,中国、印度、菲列宾[1]都是它的目标。假如两者有一些偏袒,就被对方指为卖国贼。

六、军人思想之变迁

1.生活经验。当1918年左右一个电车司机每月可得五十元薪水,每年有三次赏金,每次大约五十乃至百元。一位少尉的俸给不过四十余元,还要扣除种种衣服、交际费用。而许多暴发户一席小小宴会,可以花到千元以上。旅馆酒资,可以随便五百元一给。军官学校招考学生,从前应试者每超过定额一倍有余,至此乃不足额数。有一位军官学校的教育长真崎,他先前抱着旧式的忠君爱国思想来教导学生,却感觉学生的风气信仰与昔时完全不同。他们对于社会财富的不平,已起一种激烈的反抗,使真崎不禁想到当年未开国时代朴质的黄金世界。同时田中陆军大臣时因

---

〔1〕即菲律宾。——编者注

为大战后官长须与社会多方面接近,所以陆军大学添了社会学的功课,马克思《资本论》也做了日本青年官长的参考书。

2.新兵器。日俄战争时代的青年官长除了五响毛瑟、七五轻炮以外,没有用过别种武器。每分钟六百发的机关枪,战时只有骑兵才有。这一群青年官长,现在多到了上中级将官职位,欧战以后,新兵器逐渐发展,但种类既繁,除了专门研究者以外,高级官长不能一一地研究。所以,新式有效的武器使用法,下级官(长)明白,上级官(长)倒糊涂。所以,石原在大佐时代,说道:"现在将官没有人懂得战术。"这在精神、军纪上就发生了不良影响。

3.传统的习惯与教育。陆军创造者山县既是元老,又是军人,又是政治家,他时时吸引军人的后进来做他的继承者,于是有桂—寺内—田中—宇垣这辈军人政治家,而陆军大臣可以不经总理直接上奏天皇,又在政治里立了一个军阀不败的基础。青年军人以先辈为模范者,当然喜谈政治,但他们的根本教育却是德国式的严格的阶级教育,对于社会少所接触——有一群野心家企图利用三百万在乡军人做政治活动的基础,结果失败了——可是从田中当陆军大臣,主张开放教育以还,譬如一个年轻的乡下人猝然到了都市一般,件件都是新奇,种种可以诱惑,自己也弄得莫名其妙。

4.爆发的原动。陆军在征兵制之下所征集的大多数国民为农民,而近代日本农民的困苦不是熟读《资本论》者所能想象,在都市生活中看见十几个钟点的劳动者,就对他同情,但这个被同情者,还是日本农民认为可羡慕的。这种农民的痛苦也非政党中人所能了解(民政党的选举基础在都市,政友会的选举基础在地方,但它的目的在将地方事业化),倒是由新兵而转入于青年官长的意识中,以1931年间的中级官长而言,正是直接从大战后思想动摇的过程中过来的。当时军官靴上带着马刺去坐电车,有人讥笑他"坐电车何必带马刺"。诸如此类的事情,使日本军人深深受了社会的侮辱,所以对于财阀、对于政党,就发生了一种不可解的仇恨。

5.许多煽动家。欧战以后,军事上的专门学问已经足够青年官长一生研究。陆军大学的社会学、经济学,当然不过一个大概。而天生性急的日本青年官长,正当烦闷时候,当然只求转变,少所判断,这时候就出了无数的煽动家。按日本政治史上遗传下来的一种产物,即所谓浪人——没有一定职业,而有时可与政治要人发生直接关系——最不可解的是有一位浪人,名叫北,主张天皇下戒严令,同时停止宪法三年,却又要召集五十位辅弼大臣;没收一切财阀财产,而私有财产又可以百万元为度;并以在乡军人三百万名组织政党。这种儿戏的革命办法,竟为日本青年军官奉为神圣教典。可是这位假英雄,住了人家巨大华奢的住宅。而当5月5日东京暴动时,青年军人在偕行社——即官长俱乐部——召集会议,他却避开不敢出面。到2月16日事件发生后,他还打电话鼓励暴动的军人,叫他们不要服从劝告。这人现在处刑了。这类煽动家各走各路,正式团结不起来。军人受煽动而表现出来的事实,第一次想在议会中投炸弹,借此实行戒严,解散议会——这是一个高级军官所计划的——结果被警察发觉。第二次是假造高贵人的命令,令近卫第一师团出动——这是下级军官计划的——结果被长官所发觉。第三次是青年候补生刺杀总理犬养,袭击警察局。第四次是近卫师团并第一团的第三联队暴动,占领了东京中心的一区，刺杀斋藤、高桥，即所谓二月二十六日的暴动。所以日本军官的思想远不是日俄战争时代那样单纯了。

七、政治

1.绪言。最不痛快的，莫如我现在写这一章，因为除了"阴谋""煽动""贿赂""威吓"以外，我不知道政治运动中还有何种方法，我不愿将日本这一般的恶性的政治内幕揭露出来。不过在上述的几种情形以外，日本政治史上还有两件事，是日本所独有而值得记述的。

2.日本政治家的不幸。日本有力量的政治家，若非遭遇意外的不幸，便是被人暗杀。这是开国以来不断的事实，维新动乱时代姑且不提，政府安定以后，第一个政治元勋西乡隆盛以暴动起兵而自杀于战场（这使先后许多勤王志士被杀者不少）。而政府方面成功的大久保又被认为国贼而遭暗杀。大隈即以外交问题遇了炸弹，伊藤又在哈尔滨遇刺而死。这四位是日本极盛的明治大帝时代最重要的人物，大家谅都知道。再如政友会为日本最大政党，而首领几乎个个横死，星亨为首，继之者为原。原是政党政治极盛时代日本人艳称的平民宰相，竟被刺死于车站。田中以陆军大将为党魁，出组内阁，下野不久，一夜间猝死。是否自杀，迄成疑问。民间出身，一时奉为宪政之神的犬养，苦斗了六十年，当了首领，做了总理，就被士官生击死于首相官邸。身隶政党但常取超然态度的财阀元老高桥，以七十八岁的高龄亦被军人击死。六十年来政友会首领，只有西园寺可望善终，然而最近也经过了几次危险。至于对立的民政党，出任国务总理的滨口、财政大臣井上和财阀元老团乃至超然的海军大将斋藤都同犬养一般的运命。此外，幸免的如冈田海军上将、铃木侍从武官长、牧野宫内大臣，也受了相当的惊吓。再如次级的有力人物如军务局长永田、中国公使佐分利也遭了知名不知名的暗杀。这种疯狂的事实影响到当时俄国皇太子尼古拉、中国钦差大臣李鸿章，直到现在，还有送短刀给艾登的。所以，日本政治家可以说天天在火山上跳舞。

3.内阁的后台。负政治责任的当然是内阁，但日本内阁背后总有一群人在那里操纵着。内阁的生死，可以完全决定在这群人手里，而这群人既不是专制时代的皇帝那样独裁，又不像民主国家的民众及其代表的议会那样多数取决。明治大帝死后可以分作三个时期，第一是元老操纵时期，第二是枢密院与贵族院操纵时期，第三是青年军人操纵时期。自有议会以来，因众议院多数反对而辞职的，只有两次。在野党欲推翻政府，不在对于大众演说，而在秘密与内阁的后台接洽，这中间就容留了一种人物，名叫浪人。当伊藤公开组织政党时，山县就竭力反对，而对抗的方法，一面是收买议员，一面就是蓄养浪人，而遗后世以无数恶例。如今举几件最大的事变为例。西园寺（大正元年）、桂、山本（首次组阁）——以上三个内阁皆被元老山县友朋操纵而倒，山本（二次组阁）、若槻、田中——以上几个内阁皆被贵族院与枢密院推翻，犬养、冈田、广田——因军人暴动而倒。

八、财政经济

1.绪言。五十年来日本政府财政的膨胀与国民经济的发展，是历史上所少有的,许多专家已有详细的数字说明。本章因此只从日本全国作一整个透视,仅举出两项来说。

2. 第一是与军人的关系。原来日本武士有轻视商人的习惯,所谓町人,就有几分重利忘义的气味。自从福泽在明治初年,以英国绅士为模范,提倡了"独立自尊"主义,创设了庆应大学,即给予日本财阀以人才为基础。五大财阀的事业家都是直接或间接受了福泽的精神教育,而以议会政治为其理想。自从日本第一财阀三井联络松方,三菱联络大隈,政府以发展国民经济为名,使财阀与政治家发生密切的联络,到大正时代,财阀对军人居然取得对立的地位。但因为议会莫大的选举费,都是靠财阀在后台帮忙,这中间就发生许多疑狱事件,两党彼此摘发,而国民对于政党发生不信任态度。最近党员竞争选举,除社会党以外,政友、民政党员都不敢公开地标举党籍。财阀看党员无力,就转而利用重工业这个工具,与军人接近。因为急于制造武器,势不能不特别发展重工业,而青年军人所提倡的皇家社会主义,因此乃不得不暂行停顿。

3. 第二是与农民的关系。一个大阪造丝商人,曾经夸耀地说:"只有我们的工业是由人民的心血一点一滴造成的。"换句话说,日本各种经济事业的发展,都是靠政府帮忙、提倡而成的。试问这政府津贴各事业的钱,是从何处来的?再看"日本租税之来源,地方与中央合计课于消费者约百分之四十,课于所得者约百分之二十一,课于财产者百分之二十,其他杂税约百分之十九,多数含有消费性质。在日本,国民被课之消费税约占全数之半"。(见矢野著《日本国势》)试问这巨大的消费税,是从谁征收来的?日本农民约占总人口百分之六十以上,而这些农民大多数天天在困苦之中，农村负债已达不能偿还之巨额。许多日本人归怨于国土渺小，人口繁殖，其实真正要解决日本的农村问题，若就对外发展来想，只有到美国去种地才是适合的。此外的发展，如中国东北等地因为生活程度，日本人不能与中国人竞争，徒替大资本家发财，于大多数国民不仅无利，反而增加无数的负担。如今单举一个例子来指出它对外对内的矛盾。日本向来常感产米不足，认为重大问题。于是大正十四年竭力开发朝鲜，使产米增加，近几年来乃感供过于求，而政府不得不施行统制政策以防米价之过贱。但农家因收获后急需现金，不得不将自己食用的米一并售出，将来仍须购回。这一进出间，农民又实受一重损失。艳称日本发展者每举其船舶的吨数，贸易的数字，以表现其经济力之强。其实国民财富集中在工商界，大多数的农民终岁劳作而尚无适当的生存。这不是欧美无产阶级所能想象得到的。

九、外交

1.二重外交之由来。明治二十四年以前，日本既无外交可言，而外交官的位置，多数是贵族的游戏品。但当时陆海军所派各地留学生，倒能通达语言，深入各国社会。所以参谋本部的外国情报，比外交部常来得早。自经两次战役，参谋本部的地位自然加增。故遇到重要事件发生，军人对外交常有容喙之权。特别在中国，有许多浪人做侦探，都是由参谋本部接济的。外交官人数有限，自然不及参谋本部情报网的细密（现在上海的东亚同文书院创办时是第一任参谋总长川上把自己房子卖了做基金的）。最近军人势力增长，外交官只能仰军人的鼻息，以保持其地位。

退出国际联盟，原不是外交部所赞成，而是现在参谋本部作战部长石原一手造成的。

2.**外交系之成立**。自从明治二十六年陆奥[1]担任外交大臣以后，日本外交界始有人才。后来许多著名人物都是他一手提拔起来的。但日本国民对于他的外交官太对不起了。中日战役时代的陆奥，日俄战争时代的小村。他们用的心血，遭的困难，比参谋总长大得多——至少也是相等——但日本国民一律归功军人而指两度外交为失败，所以两位外交大臣在战后都郁郁不得志而死。在《朴次茅斯和约》签字以后，小村发了四十度的高热还去见罗斯福，实与军人决死相等，但回来时人家用黑旗欢迎他。所以日本的外交将来终究要失败。

3.**两条路线**。从英日同盟、日俄战争到《伦敦海军条约》为止，日本外交方针是与英美接近的。这一派人物，日本称为英美随从派，以加藤与币原为主体。但这后面有一条暗流，便是亲俄，但每次都遇到了意外的失败。上文说过伊藤是主张与苏俄妥协的，同时还有一位后藤男爵，他第一次怂动伊藤在日俄战役中与俄国要员在西伯利亚相会，但到了哈尔滨伊藤被刺。第二次他又怂动桂太郎到俄国旅行，半途即遇明治天皇崩御。第三次在欧战期间，1915年日本亲王访问俄国，后来即遇俄国革命。1921年这位后藤男爵又请了越飞来日本游历。这是共产党外交官第一次到东方，不久就是日俄复交，而后藤却又死了。伦敦会议以后，币原外交政策大受攻击，中间经过几次转折而到广田[2]，

〔1〕即陆奥宗光。——编者注
〔2〕广田以不能公开的外交秘密告苏联大使，而后者竟违背成例公诸报章，故有破例外交之称。

即亲俄系暗流又得势的证据。广田第一步的成功,即购买中东铁路,那时他最得意,所以大胆声明"广田在位不会有战争"。而在日德防共协议的时节,还在东京与苏联大使发生一度"破例外交"的折冲,就是告诉苏联说:"防共是对英而非对苏联。"

4.宣传者自己中毒。日本的外交宣传特别巧妙,但其间有两种流弊,一是对外失信任。自从"九一八"事变,以后,外交界的声明与军队的行动,却成了恰相反对,这种例子我不必枚举,我们不敢说外交人员撒谎,只能以二重外交解释它。二是对内失调节。缺少自省能力的日本国民经"胜仗""发展""大陆政策",尽量地鼓舞人民的气势,结果自己收缩不下来,例如日俄战后的东京烧打事件。

十、精神上的弱点

空虚与矛盾。日本国民原是崇拜外国人的。这种几千年来的遗传,一时不易改革过来——本来假如从日本文明中除去了欧美输入的机器与科学,中国、印度输入的文字与思想以外,还剩着些什么?——现在它却妄自尊大夸示它独有的能力,它的宣传愈是扩大,它的内容愈是空虚。它如今将崇拜的心理,转移到了嫉妒上去。一方面对中国用兵,一方面却主张人种战争。而畏惧外人的心理,仍像伏流一样,弥漫于一般社会。许多激进分子提倡的国难,所谓非常时期,提倡者自己知道,也不过一种煽动,但无形中更加重了国民的悲观色彩。

更进一步说,它在良心上已经发生了一种矛盾,它天天以东方文化自豪,实则无一不是模仿西方。学了拿破仑创造莱茵同盟的故智来制造伪满洲国;学了英国的故智,企图将中国分成几个小国,互相对立。本来一个很乐观的国际环境,偏要模仿历史上已成失败的不幸例子。环境诱惑它得了朝鲜不够,还想中国东北全部,更想中国北部,如今又扩大到全中国,要以有限的能力来满足无限的欲望。

日本人很能研究外国情形。有许多秘密的知识,比外国人自己还丰富。但正因为过于细密之故,倒把大的、普通的忘记了。譬如日本人研究印度,比任何国人都详细,他很羡慕英国的获得印度,但他忘记了英国人对印度,是大家没有注意时代,用三百年的工夫才能完成。而日本人却想在列强环伺之下三十年内要成功。日本人又研究中国个人人物,他们的传记与行动,他很有兴会地记得。但他忘记了中国地理的统一性与文字的普遍性,而想用武力来改变五千年历史的力量,将中国分裂。他又羡慕新兴的意大利与德国,开口统制,闭口法西斯,但他忘记了他无从产生一个首领。

十一、黄金时代过去了

1.从内政上说。明治末年确是日本内政的黄金时代,但欧战一起,军人政治家就将国军无目的地滥用。最初就是获取青岛,后来又是两度的出兵山东——还都不是国家的运命关头,而军人随便运用他的武力以求获得一部分利益。这种举动给予日本军官以破坏纪律自由行动的先例。所以日本军纪是从上级坏起。几年前,日本中央军事当局对于关东军有一个特别名称,叫做

DesaKi，即派出者之意。因为它的行动常与中央不一致。关东军的任务，本在维持沿铁路附近的地方治安，而军官们却在那里创造政治外交行动。两个师团每两年调换一次，于是中国东北各区域，就变了军人自由活动的养成所。关东军之外，又加了天津驻屯军，更予军人以一个自由活动的机会。所以每次事变起来，政府总是声明事变不扩大，军人总是调兵，这种不一致现象，给予国民与国际间一种不安与不信任。现在日本想向举国一致的方向走，但缺少了一个先决条件，就是国民不能了解敌人到底是谁。这可分三种说法：（一）陆军对俄，海军对英，现在为什么对中国？（二）日本军人向来夸称中国不够做他目标，只需一出兵就可以占领中国的，但现在的事实却正相反。（三）对中国尚且如此困难，将来如何对苏联对英美？

2.从国际上说。华盛顿会议实为日本独步东亚的时代，因为这时世界公认日本为一等强国，而且是东亚的重心。所以《九国公约》中，日本对于中国有保全领土主权与机会均等的种种条款。在中国人民看来，这是精神上一种耻辱，而在日本却是一种荣誉的义务。但日本看这种荣誉的义务，反以为是耻辱的压迫。譬如吃饭，人家请他坐首席，他不愿，偏要一人独占一张桌子，定要叫人家走开。因为日本有这种无限制的野心，引动了世界的疑惧。苏联在远东本无兵力，但在"九一八事变"后已经增加了几十万的常备军。美国得了五、五、三比率后[1]，本来建造足额，现在却三度地扩充海军，英国新加坡军港只是纸上计划，现在却正式完成。日本，在极小一些空地中常能布置出十全

---

[1] 英美日比例为5：5：3。——编者注

的庭园山石。这个想象力很大的日本民族,悲剧性地自造了一个国难,以为悲壮的享乐。本是一个理想的阴影,现在竟变成了事实的魔鬼。日本的噩运,实在是爱国志士造成的啊!

十二、结论:物与人

许多大政治家、大军人,脑筋里装着无数物质的数字,油多少、煤多少、铁多少,乃至船多少吨,炮多少门,而却忘记了一件根本大事。

纵使文明病为现代一般国家所共有,但是日本没有经过像德国那样的饥饿,法国那样的女人避孕。

夸称日本文明者,当然说它教育制度如何完备,国民学校如何发达;可是这教育势力下所养成的学生,其兵役不及格的程度,占各职业中之最高度。1935年全国受验壮丁六十三万两千八百八十六人中,不合格的百分率为百分之五十以上。而且不论乡村、都会、工业区与农业区,一律地不行。

更显著者,学生体格之不良,随着受教育程度而递增。不及格者大学生最多,其次为高等学校、专门学校毕业者,再次则中小学生,但国民小学毕业者比高等小学者其不及格之比率更大,1925年来此种现象更为显著。

缺乏内省能力的日本国民呵!身长是加增了,体重是仍旧,这是一个怎样严重的象征?向外发展超越了自然的限度,必定要栽一大筋斗!

白种人中一两个穷小子受银行老板的气,不得已跟着这位挥霍无度、内在空虚的大阔少想出风头,一定会上当会倒霉!

这本书的故事

在去年11月11日那天下午,我在柏林近郊"绿林"中散步,心里胡思乱想,又是习惯不适于新环境——看手表不过五点,但忘记了柏林冬天的早黑——结果迷失了道路,走了两点多钟,找不到回家的路,不免有点心慌。但是远远地望见了一个灯,只好向着那灯光走,找人家问路。哪知道灯光却在一小湖对面,又沿湖绕了一大圈,才到目的地,黑夜敲门(实在不过八点半),居然出来了一位老者,他的头发如银之白,他的两颊如婴之红,简直像仙人一般。他告诉我怎样走,哪样转弯,我那时仍旧弄不清楚。忽然心机一转,问他有电话没有,他说:"有。"我说那费心打电话叫一部车子来吧,他说那么请客厅坐一坐等车,一进客厅就看见他许多中国、日本的陈设,我同他就谈起东方事情来。哪知这位红颜白发的仙人,他的东方知识比我更来得高明,凡我所知道的,他没有不知道的。他所知道的我却不能像他那样深刻。比方说"日本人不知道中国文化"等类,他还有《日本〈古事记〉研究》一稿,我看了竟是茫无头绪。我十二分佩服他。从此,就定了极深切的交情。这本书是我从他笔记中间片段片段地摘出来而稍加以整理的。现在不敢自私,把它公表,不久德文原本也快将出来。我临走的时候,他送我行,而且郑重地告诉我:

胜也罢,败也罢,就是不要同他讲和!

(选入时有删改)

附录五　蒋方震小传

张宗祥

家世和幼年时代

蒋方震，字百里，五十岁后又别号澹宁，浙江海宁州人，一八八二年九月某日生于海盐县。他祖籍原是安徽，先世以经商为业，很早就因商业上的关系迁居在海宁州所属硖石镇水月亭的地方，以经营典当业为主，也产生了几个有名的乡里之士。他祖父生沐（光煦）先生笃好收藏书籍、字画、碑帖，延请了一班当时名人画客如张叔未（廷济）、费晓楼（丹旭）、张子祥（熊）之流，又建筑了一座别下斋，而且又刊印了《别下斋丛书》和《涉闻梓旧》两种书，当时就成为杭、嘉间一个收藏鉴赏名家。现在谈起收藏家来，大家多还知道"别下斋"这一名词。生沐先生子女颇多，生到百里的父亲已经是第十九个了。百里的父亲名学烺，字泽久，生下来就没有左膀，只在左肩下垂着二三寸长的一条没有骨头的肉。生沐先生一见他就不乐意，待养到十余岁就将他送至海盐一个寺庙中出家做沙弥，送了庙中一笔钱，算是香火之资。（这事有一段俗间传说，说是生沐先生最爱第五子，偏又早殇，殁时生沐先生用朱笔写一篇往生咒在亡儿左臂上，所以再来时就失了左臂。又据传说：生沐先生时与东山塔院一老僧往还，他因想念亡儿，曾问老僧此儿能否再来。僧曰，来是一定来，就是缘满，来也不喜欢了。这段话我也曾听老僧的徒孙说过。我想畸形胎世间多有，何足骇异，这不过吃饱斋饭闲着无事的僧众编造出来一段神话，一方面哄骗世人，一方面宣传佛氏因果之说罢了。至第五子的遗像，我却见过，穿着翻转紫貂马褂，还是费晓楼经心着意之作。）泽久先生做了几年小和尚，他却不喜欢念南无，也不喜欢念子曰，另外找出一条读医书的门路来。到了廿余岁，他就还俗行医。不久就在海盐娶妻杨氏，也是寒门单户的孤女，所以后来百里幼孤，无外家舅氏亲戚的扶助。泽久先生据说确仅有右手，亦能吹笛，又能随口编造唱词，有时偷偷地回硖，瞒着父亲，和兄弟等说说笑笑，是一个极为活泼快乐的人物。但是他并不愿意提到归宗的问题（在旧社会中，已经出家的人就不能再过问本族的事，族人亦不再认为同族，因为出家之后就算出族了；如果要恢复原来关系，必须声请归宗祭祖之后，方算合格）。一八九四年，泽久先生病卒于海盐，百里时年十二岁，母子二人一无生活可谋。杨太夫人乃使百里回硖，奔走请求于族人之门。泽久先生有弟行二十一，首先倡议，拨田数亩、披屋两小间。各房乃公议集田三十亩给母子衣食。杨太夫人略诸文墨，能穿补竹衫（是旧时暑天所着衬衣，用极细竹枝以线连缀成各种镂空花纹，穿着久后线断即须修补，乃是一种精巧的手工业），一方面做工，一方面训子写字读书。其时百里之叔世一先生适延倪勤叔先生课其子冠千，百里时时溜到书房里去听讲。勤叔爱他聪慧，又知道他家境清寒，就和杨太夫人说，他愿教百里读书，不收束脩（按当时的习惯，未做诗文的学生每年六元至八元,已开笔的学生八元至十二元;三节送礼可以称家有无酌送,也有不送的,我就是这样一个穷学生)。从此百里就从勤叔读书,学习诗文。我也就在此时和他相识,时时聚在一处谈谈功课上的事情。(勤叔是我老表兄,写得一手好灵飞经小楷,考书院极有名。我当时右足骨结核病方愈,从姑夫费景韩先生读书。倪、费二人时时来往,碰到谈及学生们的用功和资质,必然要提到我们两人。)

　　甲午中日之战,深深刺激了我们两小的思想。但是我们当时连旅顺、大连和马关究在何处,尚有点认识不清,何况日本所以强大、中国所以衰弱的种种大道理,而书房中桌子上所摆的书是不会告诉我们这些道理的。我们急得没法,只好找报纸,查地图,相约各人知道一点就互相告知。接着又是戊戌变法。我们这个时候已经能考书院,得到一点膏火之资了。恰好双山书院购进了四大橱经、史、子、集和时务、策论、算学、格致等书。我们听见了这一消息,真如穷人得着了宝藏,连忙请求老师每天早一二小时下学,到书院中看书。书院中一间小屋静静陈列着四个书橱,除了我们两人之外,连一个人影都不见。房门钥匙是交给我们的,书橱是不锁的。我们第一次争先要看的是《日本国志》和《普天忠愤录》之类,因为我们急于要获得关于甲午一役的知识。随后各人拣爱看的书看。我看的史、地一类为多,他看的文学一类为多。短短的七八个月中,总算得了一个大概。当时也各写了一点笔记,现在连影子都没有了。

　　百里在十七岁进学之后,第二年就在离硖石不远的伊桥孙姓亲戚家中教书,又订了袁花查氏的一门亲。不久他就投考求是书院,取为外班生(当时年纪较大、程度较高的定为内班,年纪轻的定为外班）。一九〇一年，百里被选派至日本成城学校留学，后升入士官学校第三期学习步兵科，与学习骑兵科的蒋尊簋（百器）齐名，同为功课最好的学生。因为士官的中国留学生至第三期方露头角，而二人又为之冠，所以当时通名为二蒋。一九〇五年他们在士官学校毕业，举行毕业典礼时日本明治天皇曾亲自参加，并分给他们指挥刀等奖品。他们毕业后又赴德国见习一年，领导他们的就是兴登堡元帅。他们见习期满，准备回国时，我正在嘉兴秀水学堂教书，忽然接到百里从日本寄来了一封信说，浙江邀他回国练新军，但他因要到北京不能来，并说百器来浙江任二标标统，首先要办弁目学堂，因他和百器的交情与他和我的交情一样，极盼我去帮百器的忙。他又托单不厂（丕）向我劝说。我就到了杭州海潮寺住上一个多月，等到弁目学堂已经办好，方始离杭回到嘉兴。一九一〇年我任职北京大理院时，百里正在南苑禁卫军中任管带，相见了数次。有一次留宿寓中深夜长谈，谈的主要是他的婚姻问题。我也替他叹息，又劝他忍耐。原来与查氏订婚之后，在百里留学期间，杨太夫人深恐将来文化程度不相称，曾经婉告查家说，恐怕毕业须待数年，不妨解约。查氏答复是：留学十年等待十年，百年等待百年。因而百里回国后于一九一一年即与查氏结婚。但是查氏是完全旧式闺女，无法可以凑合，这是百里当时一桩极苦闷的事情。

　　这一时期，百里是一个纯粹研究军事学的军人，对一切政治体制都不表示主张，但内心却是厌恶清廷，觉得他们颠顶、贪污，是无法可以支持下去的。

辛亥革命至大革命时代

辛亥革命时我在浙江，因为他所处的环境关系，不可能与之谈及政治问题。后来百里的求是书院老师陈仲恕（汉第）告诉过我关于百里在东北的一件事（当时仲恕在奉天东三省总督赵尔巽幕中）。据仲恕说，正在江、浙两省宣布独立的时节，忽然有一天总督辕门上来报有蒋方震要见，其时文薮（袁毓麟）、伯炯（邵章）均在座，急忙请他进来，问他来意。他说："长江南北多易了旗帜，我来见赵次帅请他早点宣布独立。"仲恕说："你真不知此间实情。几个有实力的领兵大员都是清朝的忠臣，次帅如果要独立，还要通过他们，得他们的首肯。况且次帅恐怕没有这种思想。"正在谈论时，忽然一个得力当差匆匆跑进来低声对仲恕说，各镇多聚在客厅要请见次帅，而且带有很多卫队，不知有何举动。仲恕听说，急忙将所带钞票取出，又向各同事索借一些，约有一百余元，交给当差说："你领这位客人从后门出去，送上火车，车开了再回来。"百里也就立刻起身而去。后来方知各镇知道百里来东消息，所以来向赵尔巽索人，当场赵答以并无此人。赵本不知道百里之来，态度自然是很真实的，各镇方不怀疑而去。

一九一二年冬天，百里以陆军少将任保定军官学校校长。到了一九一三年间，某日报上忽然有保定军官学校校长蒋方震用手枪自击一案的新闻刊登出来。我那时还在杭州，急去电问生死，无复电；问其硖石家属，则知杨太夫人已北行。乃再函电询安危，得杨太夫人复书，谓人已脱险回北京休养。一九一四年一月，我至北京任教育部视学，到后即趋百里寓所，则见他已恢复如常。问原因，则曰，已过之事，不必谈。杨太夫人为述之曰：

"百里欲扩大保定军校组机,屡商之陆军部,似有允意,及至将计划送去,却被军学司司长魏宗瀚搁置不理,继而完全推翻。这一项计划,百里在校中曾屡次开会商讨,且曾向学生透露一部分,现在一无成就,所以在校中召集学生训话,将此事详细经过及所拟改革方案详细说明之后,就拔出手枪当胸自击。"杨太夫人谈到此,又手指跟百里的一个少年差弁李如意语我曰:"还亏此人见百里拔枪,即狂奔上讲台,出死力拉其右手,枪弹没有当心穿过,仅伤肺部,乃得保全生命。"我回顾问如意,如意说:"当校长说到全部计划不能实行的时候,我从来没有见过他这样悲愤。又见他伸手摸腰际,就觉得情形不对,已经预备上台;及见手枪,就不管多么危险,跳上台去抢夺了。"(如意是十六七岁时即随百里的,后来百里亡过之后,又收拾他的骨灰,现在仍留上海,替百里管管房屋)于是百里向我说:"我从此认识了这一班狐群狗党的下流军人。"他又告诉我,经如意这么死劲一拉,枪口向左,子弹从肋骨穿出,心脏未伤。所尤奇的是:枪弹穿透前后肋骨时皆从骨缝中穿过,一根也没有击断、击碎,后来又就日医医治,所以经过良好。我问现在伤处状况,他说,就是怕受凉,终年须以厚布围胸,方觉舒适。这时北洋尚是袁世凯窃政时代,直、皖军阀尚未形成,而百里所受的打击,却出在段祺瑞领导的陆军部之下,硬对头魏宗瀚又是段的亲信,所以百里后来始终未与皖系有过关联。百里当时虽然心脏未曾直接受伤,但后来心脏始终不好,且卒以心脏病去世,恐怕这一枪击就是他不能长寿的根源。可能他的心脏实已受伤,不过当时不致送命而已。从此之后,百里在北京任总统府参议和统率办事处军事参议官。百里在医院治伤时,有一位日本看护左梅女士很细心伺候他，当时已是两情相洽。百里又不乐与查夫人同居，杨太夫人其时随百里在京，查夫人仍留碛石，而左梅女士又回日本。于是京寓中母子两人未免寂寞，且杨太夫人望孙心甚切。遂由周赤忱（承菼）至日本将左梅女士接来。一日忽然杨太夫人打电话来嘱我今晚必须携妻抱女赴东城便饭，不可不来，且须早来。我于散值后即携妻女同去，至则见一切陈设，颇有办喜事状态。杨太夫人见我至，即出，命我入内室，则一盛妆女士已在内室，乃知即为左梅女士，今日为之合卺。于是共趋宴饮之室，尽欢而散。成婚后，生长女昭，又生次女雍。杨太夫人急于得孙，有义女王若梅，亦命百里纳之，但始终无所出。故现在百里所存四女，皆左梅女士所生（原为五女，长女昭早卒）。

百里和蔡松坡（锷）是极要好的。松坡为人深沉强毅，既以术脱身赴津，欲赴滇举兵反对帝制。袁世凯派陈公洽（仪）追之，公洽语百里及予，且商进止，盖公洽亦不满帝制者。予曰："若自赴津可耳，松坡恐已走，未必能见到。"公洽悟，别去即派人赶至津，速松坡乘日本轮。公洽至津，果未遇蔡而返。

一九一八年，百里进中将，数年之间皆寓居北京。一日语予曰："我将著一书论中国书学，上卷为中国书学在世界美术上之位置，我自任之；下卷为中国书学源流，尔为我写之。"我曰可。一旬后，我书成，彼乃未着一字，我书遂独立付印。一九二〇年秋又语我："有德文版马克思《资本论》，思与君共译之。"我曰："我不识德文，子自译之可矣。"百里曰："我意欲以古典式文字译成，若严几道氏《原富》之类，故欲与子合译。"我曰："可，然必先知全书宗旨所在，方可着笔。"乃约定每日以两小时为会谈时间，经一周始开译。译首章未完，百里有事出京（忆似赴日本，但不能确定），从此遂搁置。一九四九年冬，我在上海闻百里沪寓的书籍将尽出售，欲购留此德文原本作纪念，急使其侄至国富门路，至则早为书贾所取去，不可复得。

一九二〇年，百里被举为浙江省议会议员。当时的选举必须要花钱运动得来，而百里既没有余钱，实在也没有参加选举的兴致；这是因为有一个朋友忽然要代他争得此席，而此时又恰因有一席地位大家争得昏天黑地，不得开交，于是就容容易易把他选举出来了。一九二二年秋天我也到了浙江，开会的时候他时时回到故乡来，就在硖石水月亭旧宅旁边买一块地，仿照北方样式造成几间平房，安住杨太夫人、查夫人和王若梅侧室；又买了东山麓下一块地种上几枝梅花，预备将来建几间小屋作为读书怡老的归宿。这些钱还是几个学生帮助凑集得来的，不是完全出于他自己。等到住屋造成，杨太夫人迁入不久，就得病逝世，医药丧葬之费，真有点拮据。百里最爱的学生唐孟潇（生智）和几个湖南学生，一闻百里丧母之讯，急派人用竹箩挑了现钱送到硖石，这可见他们师生之间的感情。百里在省议会中，一切小事未尝过问。一九二三年为了要提出预建浙江大学堂，曾和蒋梦麟聚在我的寓中谈了两日。我意先以专门学校为基础，而浙江此时仅有法政、医药两专门学校，工、农两科均无，必须先将甲工、甲农改建为专校，如此则大学成立时将几个专校合并，就很有基础了。此议得他们赞成，遂一面改建工、农专校，一面提出预建浙江大学案，得到通过。

一九二四年百里因为母丧未满，且有浙省议会的关系，也时时回浙。是年孙传芳入浙时，他正在杭州。孙到浙之后，对于士官先后同学是极拉拢的，一到就把陈公洽找去了，并到处在找百里。当时百里恰恰在我寓中，孙就如获宝一般把他请了去，不久就请他担任总参议。这是百里第一次与直系军阀合作。百里自毕业归国之后，虽然是学的军事，但是对于各系军队多没有关联，尤其是浙江军队在杨善德、卢永祥之后，皆是武备、陆军小学两系在当家，他的性质又洒脱流动，所以公洽当了师长，百里仍无实权。一九二五年大革命时代，百里在孙传芳军中与孙同驻九江，后又在吴佩孚处充当总参谋。吴在四照堂颁布命令抗御奉军的时候，他也在场。及至大革命以后，百里方始退居沪上。

国民党政权时代和宜山逝世

百里在沪时，唐孟潇购国富门路一宅，供老师休养之用。当时我也在沪住大通路，时时可以晤见。这时他似乎有点颓唐，搞了一个小小银行，随随便便地寻人谈天。等到蒋介石清党和宁汉分家，唐孟潇军队驻于河南的时候，百里有一天告诉我说，孟潇当有举动倒蒋。我说，这应该联合西北和阎锡山等军队，方有力量。百里亦以为然，而且认为肯定可以联合。及至报上发表孟潇讨蒋通电时仍用孟潇原衔领头，阎锡山等人皆未列名。我见到了报纸，即雇街车至国富门路语百里曰："何以君不阻止？孟潇如此鲁莽，军队南扼于蒋军，万一阎氏在北方也有变动，岂不危险？"百里则曰："此电发时阎亦派代表在唐军中，经商定后发出的。"我说："阎氏老奸巨猾，极不可恃，我意此电正当推之领衔，使其无可抵赖反复；派一代表，未必可恃。君宜自作计图安全。"越二日，我在金融市场处得密讯，知孟潇总部已被抄，即雇车驰晤百里，告以此讯，且曰："总部被抄，尔之密电本必亦被抄去，子可行矣。此间后即华界，极不安稳，如无避处，我大通路寓所可以暂住。我与各方面政治活动无关,不如决住我处观变。"百里则认为唐军虽败,而他本人与南京政府熟人尚多,不必避开。我则坚欲其行,争论二三十分钟,见不能动,我始回寓。又越二日,单不厂病殁沪寓。不厂为予两人总角交,伤寒复发,知其病危甚,事先曾与百里相约如有不好消息,即各携款至单寓为殡殓计。我既得单之死耗,即电约百里同去。百里乃在电话中语我:"予不能去,一切惟尔主持。"我知有异,匆匆料理不厂丧事后,再一探听,则知暗探已日夜守住百里,不让出门一步,旋即解至浙江。我赴杭欲为之谋,所恃者一学生陈布雷,及至杭,布雷适已赴南京,乃匆匆回沪。其时主浙者为张人杰(静江),其人极不近人情,且待百里殊无礼。幸不久即转解南京,闻解时且加桎梏于手足,真可恨也。我探知百里已解送南京总司令部看守所后,乃到宁赴狱候之,尚安静。第二次又赴狱候之,则左梅女士亦在南京,且可以日日入狱为之整理衣服、洒扫房屋。百里则时时阅读佛经,写写字。一日语予曰:"隔壁房中邓演达君昨日枪毙矣,狱中少一叙谈之友。"又出所书《金刚经》一卷相赠。予别后即有汉口之行,知其事已渐解,生命无忧。在汉口闻其出狱,即驰信嘱留住南京,不必急回上海,然百里则已回沪数日。后相遇,知此事之解仍得孟潇力,而为之进言者乃汪精卫。百里且语予:"尔劝留南京,此言极确,但我每至南京,一下火车即住励志社,亦与子意相同。"自此之后,乃为蒋介石所容,且亦时时有所委任。蒋介石被扣西安时,百里亦在从行之列。后又曾奉命为南京政府使德,出国前曾至汉口来相晤。我知此行必甚密,亦不问其究竟,特赠玉鱼佩一,以示万里相别各自珍重之意。

一九三七年抗战军起，次年我即先自汉口撤退入桂林。忽一日百里又来相访。我首言及其近著《国防论》《日本人》两书，认为《日本人》一书最佳，并谓："举国半有恐日病，留日学军事者更甚。子独能详细分析日本人情形，此真知彼知己之谈。独叙日本财阀尚未明彻。我意资本主义国家之一切政权，久尽操于财阀手中，譬如日本自明治变法以来，除伊藤博文一任内阁总理与财阀无关外，其余非三井、三菱子侄即为其甥舅，虽犬养毅亦辗转与财阀有关，此点何以不详细列入？至于《国防论》新旧杂糅，此犹是从前考书院作风，何不删繁就简，使成有系统之书？"百里笑曰："子说诚是。《日本人》昨日闻有五百'个'（意指五百本《日本人》，当时百里故意说成'个'字）到重庆了，此即予平日所谓何以中国人不肯日费数分钱定一份《朝日新闻》之类看看，略知日本国中大势。至于《国防论》则取其字多，好多得稿费而已。我昨方到桂林，知子在，即访至此。第一须为我见一医生检查心脏。第二想请你太太烧点家乡菜吃吃。"予妻笑曰正欲赴菜市，此间牛羊肉甚多，又有芋头，即携筐赴市。我亦语百里有平汉路局医生张姓、黄姓者寓此不远，即同车去。张医生细细听诊，认为心脏确有病，但不甚危险。百里同车回予寓，车中告我此行乃赴黔代理陆军大学校长。至寓饮三花酒，食芋头煨鸭子和红烧羊肉，纵论半日始去。明晨予访之招待所，入门，叶南帆君即邀予在室隅相语。叶曰："我跟百里师数年来如一日，穷达未尝变，先生深知之。今百里师赴黔不欲我相随，甚痛于心，请先生必为一言。"予诺之。见百里后，室无旁人，问其组织大概，则知管理总务、财政诸事皆委之赵墨龙，亦其学生也。墨龙我不熟悉，只语以南帆相从多年，无过失，人懿而朴，何不亦带之行。百里无语。嗣又数相聚晤，南帆又嘱予相助，然百里终不携南帆去。相别前夕百里语予："明晨某时行，好在经子门，当在门口图一面。"不知彼出南门而予实住北门门内，遂相失。行二日，有电来曰因病住宜山。又二日，电来告丧。是时交通不便，无车可见，遂不能临其丧，然终不意其死如此之速。时浙江大学亦在宜山，祝廉先弟（文白）、郑晓沧弟（宗海）皆在校任教师，乃快函询病状。晓沧弟答甚详，云夕间尚在百里寓，见其食面碗余，尚无异平人；夜间得病，即由浙大校医诊治，已不可救。时冯玉祥将军亦亲自至宜山访问病况。百里殁后，即殓葬于宜山县之鹤山。抗日胜利后，其侄复璁商于浙大，得校地于万松岭，乃自宜山迁杭。解放后万松岭另有他用，又将迁葬。左梅女士偕李君如意到杭访予议所从。予曰："其他予不知，予则自愿火葬。葬宜移浙已多事，今复欲他营，予以为可省。且百里学生杜时霞（伟）正主南山公墓事，何不与之一商。"左梅女士然之。杜亦主火葬。即用石塔葬于南山公墓钱文穆之墓之西北，一切均由杜主持。焚时左梅女士先回沪。次日收拾骨灰，如意来告曰："骨灰中忽有一物，检视即先生赠家主之玉鱼。当时主人爱之，终日佩戴，死即以殉，今尚未化，故取以来。"予即命李将此物即携至上海交左梅女士或其女收藏，以为纪念。自此百里乃长眠于凤凰山之下。

　　百里五女，昭最长，未笄而卒。今所存第二女雍及第四女华，皆适人，旅居国外；第三女英，适钱学森。第五女和适周，皆在北京服务。左梅女士即随三、五二女居北京。若梅仍居碛石。

　　百里四十后从梁任公为师，盖不欲专以军事学见长者；其好博览纵观，性情亦有类于任公。然政治经验皆浅，故从政则非所长；师生之相合，盖亦因其性质有相同之点，故也。

我与百里同岁，而百里小于予半岁。自十二岁时相识至于今日为之安排葬事止，盖六十余年，生前相聚处亦四十余年。议论有不合，见解有不同，予则必反复争之。百里则钳口不语，然终未尝以为忤，亦绝无面红耳赤之事。盖予戆而百里慧，皆能相谅。至于二人出处向背之间，则各行其是，未尝一相商，亦未尝一相询。盖相处至六十老翁而犹若童时天真，故能一无所忤。

近来传百里者，有湖南陶菊隐先生一篇，极详尽，然有时或可补充。予故就予所知者写成此篇，恐仍多挂漏。但就予所亲历、所见闻而言，则所记皆事实，无一夸大之词，亦无一违心之论，或者可供采择之用。

一九六〇年八月于杭州